Ça alors !

Florian Gazan

vous apprend

des trucs

FIRST
ÉDITIONS

ISBN : 978-2-412-03712-6
Dépôt légal : septembre 2018

Imprimé en France
Par Normandie Roto Impression s.a.s. (1802366)
Photographie de couverture : Catherine Delahaye
Mise en page : Ma petite FaB – Laurent Grolleau
Relecture : Benjamin Peylet

Éditions First, un département d'Édi8
12, avenue d'Italie
75 013 Paris – France
Tel. : 01 44 16 09 00
Fax : 01 44 16 09 01
E-mail : firstinfo@efirst.com
Site Internet : www.editionsfirst.fr

Les trucs insolites à connaître sur...

Ferrari

Pourquoi les Ferrari sont-elles rouges ? C'est la première chose que je vais vous apprendre. On croit souvent que le rouge, c'est parce que c'était la couleur préférée d'Enzo Ferrari alors que pas du tout, lui préférait le jaune, qui est d'ailleurs sur le logo de la marque et qui est la couleur de sa ville natale, Modène, en Italie. Alors pourquoi le rouge ? Tout simplement parce que la Scuderia a été créée en 1929 comme écurie de course pour Alfa Roméo. Et, à l'époque, lors des courses automobiles internationales, il y avait un code couleur précis et obligatoire pour les voitures : bleu pour la France, gris argent pour l'Allemagne, vert pour l'Angleterre et donc rouge pour l'Italie ! Malheureusement pour Enzo Ferrari, s'il avait voulu avoir des voitures jaunes, il aurait fallu qu'il monte son écurie en Belgique ! Et là, sur le logo, ça n'aurait peut-être pas été un cheval cabré mais une moules-frites...

Ferrari, c'est un tel symbole de l'Italie que même le Pape en a eu une. C'était en 2005, la Scuderia avait décidé d'offrir à Jean-Paul II la 400e et toute dernière voiture produite du modèle Enzo. Un cadeau qui a embarrassé le Pape plus qu'autre chose, il se voyait mal se balader au milieu des fidèles dans un véhicule dont le prix était à peu près égal au P.I.B. des pays pauvres qu'il visitait ! Qu'en a-t-il donc fait, de sa Ferrari, Jean-Paul II ? Absolument rien. Il est mort quelques semaines après ce cadeau et la voiture, comme il en avait émis le souhait, a été vendue aux enchères, rapportant 950 000 euros aux victimes du tsunami dans le Sud-Est asiatique.

À propos de Ferrari célèbre, mythique même, vous vous souvenez forcément de celle de la série télé *Magnum*. À l'origine, les producteurs voulaient une Porsche, mais cela n'a pas pu se faire à cause de Tom Selleck, l'acteur principal de la série. En effet, Tom Selleck mesure 1 m 92 et la production avait demandé à Porsche de modifier la voiture pour qu'il puisse rentrer dedans sans avoir la tête qui touche le plafond... ce qui aurait été ridicule, il faut bien l'admettre. D'ailleurs, les producteurs voulaient aussi un toit ouvrant pour les vues aériennes. Porsche a refusé et ils se sont rabattus sur Ferrari, plus souple sur les aménagements ! À quoi ça tient, d'entrer dans la légende...

Les trucs insolites à connaître sur…

La vache qui rit

Mais enfin, pourquoi la Vache qui rit, rit-elle ? C'est pour se moquer des Allemands ! Pas aujourd'hui, je précise, mais pendant la Première Guerre mondiale ! Pourtant, le fromage La Vache qui rit a été créé en 1921 dans le Jura, donc après la guerre. Sauf que La Vache qui rit est en réalité née avant le fromage qui porte son nom ! En 1914, le dessinateur Benjamin Rabier, le génial papa du canard Gédéon, dessine une vache qui rigole sur les camions de son régiment, le RVF B70. RVF pour « ravitaillement en viande fraîche », d'où la vache… à l'époque, il s'agit de viande, pas de fromage ! Et, sous le dessin, il rajoute une blague géniale : la Wachkyrie, clin d'œil moqueur aux Valkyries, les symboles guerriers teutons depuis Richard Wagner. Or, Léon Bel, le créateur des fameuses portions, servait pendant la Grande Guerre dans le RVF B70 et il s'est rappelé du dessin de Rabier, dont il lui a racheté les droits exclusifs en 1923 pour la somme de 1 000 francs. Le plus drôle, c'est que ce dessin ornait déjà la boîte d'un autre fromage, le camembert Saint-Hubert des établissements Couillard !

La Vache qui rit a eu beaucoup de succès dès le début. Aujourd'hui encore, dix millions de portions sont consommées chaque jour dans le monde... Pour vous donner un ordre d'idée, si vous empiliez ces dix millions de portions, ça ferait l'équivalent de 500 tours Eiffel ! Il y a eu beaucoup de contrefaçons au fil du temps... Il y a les fromages « La Vache qui parle », « La Vache qui lit », « La Vache sérieuse », « Le Veau qui pleure », « La Vache savante », « La Gosse qui rit » et « La Vache qui rue ». Liste non exhaustive !

En 1990, Johnny Hallyday a failli faire de la pub pour la Vache qui rit. Le spot devait mettre en scène Johnny, qui se remémorait ses souvenirs d'enfance en croquant dans une portion de fromage, puis qui chantait, devinez quoi ? « On a tous quelque chose en nous de Vache qui rit » ! Johnny avait dit oui, tout était OK et puis, au dernier moment, il a fait marche arrière et s'est rétracté ! C'est quand même un comble d'avoir fait une vacherie à la Vache qui rit !

Les trucs insolites à connaître sur...

Guillaume Canet

Guillaume Canet a rencontré Marion Cotillard en 2003 sur le tournage du film *Jeux d'enfants*, mais c'est seulement en 2007, alors qu'elle tournait *La Môme*, qu'ils sont passés aux jeux d'adultes, si vous voyez ce que je veux dire. La première chose étonnante à savoir sur Guillaume Canet concerne justement un jeu d'enfant. Alors qu'il avait 10 ans, il a décidé de jouer au gangster ! Comme tous les enfants, me direz-vous. Ce n'est pas très grave... Sauf que lui, il est quand même allé, avec un pistolet en plastique et sa capuche sur la tête, braquer une boulangerie pour avoir des croissants. Je ne vous dis pas la raclée quand ses parents l'ont récupéré. Le jeune Guillaume a tellement pleuré qu'il en a fallu quelques-uns, de petits mouchoirs...

De plus, Guillaume Canet n'a pas débuté sa carrière comme acteur mais comme auteur. Auteur pour un jeune humoriste alors totalement inconnu, qui se produisait dans un restaurant du Marais, à Paris, devant des clients qui jetaient vaguement un œil à la scène entre deux coups de fourchette. Vous savez son nom ? Non ? Et si je vous dis « Camping »... Absolument, c'est Franck Dubosc ! D'ailleurs, Guillaume Canet jouait lui aussi des sketches comiques dans ce resto-cabaret, dont les coulisses étaient aussi le local à poubelles. Autant vous dire que ça ne sentait pas le parfum du succès... Succès qu'il rencontrera tout de même avec *Les Petits Mouchoirs*, film collégial dans lequel il a fait tourner tous ses potes. Dont François Cluzet et Jean Dujardin...

Vous ne le savez peut-être pas, mais Jean Dujardin et Guillaume Canet se connaissent depuis tout petits puisqu'ils étaient ensemble en CM1 à l'école primaire Jean Moulin de Plaisir, dans les Yvelines. Ils étaient tellement inséparables qu'ils ont fait leur catéchisme et même leur communion ensemble ! À l'époque, Canet était à fond sur le foot, Dujardin aussi, mais plus sur les filles ! Déjà... Alors qu'il avait 9-10 ans. Si ça se trouve, Jean Dujardin était dans le coup du braquage de la boulangerie pour les croissants. Va falloir qu'on demande à Jacques Pradel d'enquêter ! Ça lui fera une jolie « Heure du crime » sur RTL ! Après Spaggiari et le casse de Nice, Canet-Dujardin et le casse de Brice de Nice !

Les trucs insolites à connaître sur...

Léonard de Vinci

La première chose à savoir sur Léonard de Vinci, c'est qu'il a très mal débuté dans la vie puisque dès l'origine, il était le fruit illégitime de la liaison entre son père notaire et sa mère paysanne. Cette situation l'empêcha de recevoir l'éducation que le rang social de son père impliquait et l'obligea à devenir autodidacte. Et ce n'est pas tout...

Léonard était gaucher. À l'époque, la croyance voulait que les gauchers soient des traîtres, des êtres malfaisants aux occupations plus que louches. Cette impression fut renforcée quand on découvrit la drôle de façon d'écrire du jeune Vinci. Ayant appris seul, il écrivait comme les Arabes, de droite à gauche, une sorte d'écriture à l'envers qu'on appelle aujourd'hui l'écriture spéculaire. Aujourd'hui. Parce qu'au XVe siècle, on l'appelait l'écriture du diable. Et ce n'est pas fini : pour rajouter une couche de bizarrerie au personnage, Léonard, passionné d'animaux, était végétarien !

Un autre détail surprenant concerne les multiples inventions de ce génie visionnaire. On connaît le scaphandre, le parachute, le char d'assaut... Mais on connaît moins d'autres de ses idées beaucoup plus terre à terre, dont certaines présentes dans notre quotidien. Par exemple, il a imaginé et dessiné le réveil-matin, la rôtissoire avec tourne-broche, les skis flottants pour le ski nautique, les meubles pliants pas si éloignés de ceux qu'on utilise au camping. Mais aussi, parce qu'il était grand amateur, une machine à fabriquer les pâtes fraîches. Et enfin, quelque chose qu'on croise tous les jours et qu'il décrit ainsi dans ses carnets : « Elle doit pouvoir basculer comme le guichet des religieuses pour revenir à sa position initiale ». Oui, Léonard de Vinci a bel et bien inventé l'abattant et la lunette des toilettes !

Il s'est intéressé à la Cène mais aussi à la selle ! À ce propos, une petite anecdote sur ce fameux tableau...

Léonard de Vinci a mis des années à peindre sa Cène, qui met en (s)cène Jésus et ses apôtres, notamment parce qu'aucun modèle n'acceptait de prêter ses traits à Judas. Un soir, alors qu'il envisageait d'abandonner la toile, Léonard tombe sur un clochard dont le physique lui plaît pour incarner celui qui a trahi le Messie. Il l'engage, le fait poser mais un truc le chiffonne. Il demande donc au clochard s'il ne l'avait pas déjà croisé quelque part. Ce dernier lui répond : « Oui, il y a 7 ans de ça, vous m'aviez fait poser pour un tableau représentant Jésus ! »

Dernière anecdote : nous sommes en 1974, un couple d'Américains passe sa lune de miel à Florence. La femme est enceinte mais ça ne les empêche pas de visiter le célèbre musée de la ville, la galerie des Offices. Alors qu'ils passent devant une toile de Léonard de Vinci, le bébé met des coups de pied dans le ventre de sa mère. Le futur papa dit alors : « C'est un signe, notre fils portera son prénom, Leonardo ! » Ah ! J'ai oublié de préciser le nom de ce couple américain, les DiCaprio ! Pour boucler la boucle, Leonardo incarnera bien Leonardo puisque

DiCaprio devrait jouer le rôle de Léonard de Vinci dans un biopic prévu pour 2019 !

Les trucs insolites à connaître sur...

Titanic

Je vais essayer de vous apprendre trois petites choses intéressantes sur *Titanic*, mais je ne me prends pas pour le roi du monde pour autant ! *Titanic* reste le film le plus vu de toute l'histoire du cinéma en France : 21 774 181 spectateurs pour être précis, dont vous j'imagine ! Quoi qu'il en soit, on connaît tous bien Jack et Rose, les deux héros, mais il y a aussi le personnage de Caledon Hockley, le fiancé de Rose. Rappelez-vous, c'est le méchant du film, l'odieux Cal, interprété par Billy Zane. C'est un personnage inventé par James Cameron, le réalisateur, qui en a profité pour placer un clin d'œil à sa famille. En effet,

Caledon et Hockley sont les noms de deux petites villes de l'Ontario, au Canada, où vivent l'oncle et la tante de James Cameron… Imaginez, s'ils avaient vécu en France, le méchant du film se serait peut-être appelé Paris Brest !

De plus, James Cameron lui-même apparaît dans *Titanic* ! Vous vous rappelez la fameuse scène où Jack dessine Rose ? Eh bien, c'est James Cameron qui joue le rôle de la main qui dessine ! Oui, ce n'est pas celle de Leonardo DiCaprio qu'on voit en gros plan, mais la sienne qui a vraiment fait le dessin… en un seul mot, même s'il représente des seins en deux mots, ceux de Kate Winslet !

Le troisième « qui l'eût cru ? » à propos de *Titanic* concerne Millvina Dean, la dernière survivante du Titanic, morte le 31 mai 2009 à l'âge de 97 ans. Lors du naufrage du paquebot, elle n'était âgée que de 2 mois. Elle avait été invitée à l'avant-première du film de James Cameron, mais elle avait décliné la proposition car, en 1958, elle avait vu *Atlantique, latitude 41*, un film anglais sur le naufrage du Titanic, et cette projection avait été très douloureuse pour elle. Si douloureuse, qu'elle a refusé de se l'infliger à nouveau. Le Titanic s'était pris un iceberg, le film *Titanic*, lui, s'est pris un vent !

LES TRUCS INSOLITES À CONNAÎTRE SUR...

Le 1er avril

Il y a controverse sur le sujet de l'origine du 1er avril, mais l'hypothèse la plus sérieuse nous ramène au XVIe siècle. En ce temps-là, en France, le Nouvel An est célébré le 25 mars, jour de l'Annonciation, et les festivités durent jusqu'au 1er avril, avant de basculer vraiment dans la nouvelle année. Or, en 1564, le roi Charles IX décide de changer tout ça... La nouvelle année débutera dorénavant le 1er janvier, une décision qui deviendra effective 18 ans plus tard, le temps d'instaurer le calendrier grégorien. Mais, comme c'est souvent le cas, certains nostalgiques ont du mal à s'adapter à ce changement et continuent à se souhaiter la bonne année le 1er avril ! Ils continuent aussi à s'offrir des cadeaux, comme c'est la tradition, généralement de la nourriture et, comme on est en plein Carême, plutôt du poisson. Ainsi, pour se moquer de ces adeptes du « le Nouvel An, c'était mieux avant », certains ont l'idée de leur offrir de faux poissons. C'est comme ça que naquit la tradition du poisson d'avril !

Cette tradition n'existe pas qu'en France, elle prend place aussi en Angleterre, où on l'appelle l'*April fools day*, « le jour des fous », nom également du 1er avril en Russie et au Japon. En Écosse, la tradition du 1er avril est de partir à la chasse à l'imbécile… Autant dire qu'il y a beaucoup de gibier ! Au Mexique, on le fête aussi mais le but est de piquer un objet à un proche. En Pologne, c'est une tradition très implantée et très respectée. À tel point que l'alliance entre le roi Jean III de Pologne et l'empereur Léopold Ier de Belgique contre les Turcs, signée le 1er avril 1683, fut antidatée au 31 mars pour que les Polonais ne croient pas à un canular !

À propos des canulars qui fleurissent ce jour-là à la radio, à la télé et dans les journaux : ils vont parfois très loin. Un des plus fameux date de 1957. La BBC diffuse ce jour-là un reportage de 3 minutes en Suisse sur la culture de l'arbre à spaghetti ! On y voit des fermiers helvètes interviewés qui expliquent que, grâce à un hiver très doux, la récolte s'annonce fantastique. Et, pour illustrer cette déclaration, le reportage montre les fermiers secouant les arbres, d'où tombent des tonnes de spaghettis ! Ce canular a tellement bien pris que la BBC a été submergée d'appels de téléspectateurs qui voulaient savoir comment faire pousser à leur tour un arbre à spaghettis. La chaîne leur a répondu, avec son humour très britannique : placez un spaghetti dans un bocal de sauce tomate et croisez les doigts !

Les trucs insolites à connaître sur...

Le 11 novembre

Je ne vais pas vous dire qui est le soldat inconnu, vu qu'on l'ignore. Par contre, je vais vous dire comment et par qui il a été choisi. Nous sommes le 10 novembre 1920 à Verdun et Adolphe Thin, 21 ans, ancien poilu et pupille de la Nation, a été désigné pour choisir parmi huit cercueils de soldats morts au combat celui qui ira au pied de l'Arc de Triomphe. En main, il tient un bouquet d'œillets rouges et blancs qu'il doit poser sur le cercueil de son choix... Et Adolphe Thin n'a pas tout à fait choisi au hasard. Il a fait un premier tour très rapide des huit cercueils, puis un deuxième, pendant lequel il s'est arrêté devant le corps du sixième soldat inconnu. Pourquoi celui-ci ? Car Adolphe Thin appartient au sixième corps d'armée. En plus, en additionnant les chiffres de son régiment, le 132, il obtient aussi le 6. Son choix est fait, il dépose le bouquet et, dès le lendemain, c'est ce cercueil qui fait son entrée sous l'Arc de Triomphe.

Vous l'avez peut-être remarqué lors des commémorations des victimes de guerre et du terrorisme : on voit souvent à la boutonnière de nos officiels des bleuets. Les joueurs de l'équipe de France de football en ont déjà porté aussi, pour un match joué à l'approche du 11 novembre. À cela, deux raisons. La première, c'est que les vieux poilus avaient surnommé les jeunes recrues « les bleuets », en raison du costume bleu horizon flambant neuf qu'ils portaient en arrivant sur le champ de bataille. L'autre raison, plus symbolique, c'est que le bleuet était la seule fleur qui continuait à pousser sur la terre ravagée par les obus. De même pour le coquelicot, la fleur que les Britanniques, eux, arborent pour leurs cérémonies du 11 novembre !

D'ailleurs, on ne fête pas le 11 novembre qu'en France et en Grande-Bretagne ! On le célèbre aussi en Chine ! Seulement, cela n'a aucun rapport avec la guerre 14-18. Là-bas, le 11 novembre, c'est la fête des célibataires. Parce que le 11 novembre, c'est le 11/11, donc quatre fois le chiffre 1, le chiffre des célibataires ! Du coup, pour les consoler d'être seuls, on leur offre des rabais de 30 à 70 % sur des milliers de produits ! Bref, le 11 novembre, chez nous c'est les soldats, chez les Chinois, c'est les soldes !

Les trucs insolites à connaître sur...

ABBA

Le groupe ABBA est le plus gros vendeur de disques de l'histoire, derrière Elvis Presley et les Beatles. Il continue à vendre 2 millions d'albums par an alors qu'il est séparé depuis 1982 ! À part deux mini-concerts privés, un pour le mariage de leur manager et un autre pour leurs 50 ans de carrière, ABBA ne s'est jamais reformé ! Pourtant, ils ne sont plus fâchés...

On les a sollicités plus d'une fois : en 1999, on leur a proposé 1 milliard de dollars pour une tournée mondiale et un nouvel album. Ils ont décline l'offre, notamment parce que la blonde Agnetha refuse catégoriquement de prendre l'avion. Et puis, ils n'ont pas besoin d'argent. Pour vous donner un ordre d'idée, à son apogée, ABBA gagnait l'équivalent d'1 million d'euros par jour et était devenu le deuxième produit d'exportation de la Suède, juste derrière Volvo… On comprend mieux pourquoi ils ont chanté « Money Money Money ».

Mais d'où vient le nom ABBA ? Comme vous le savez peut-être, c'est la réunion des quatre initiales des prénoms de ses membres, mais le choix de l'ordre des lettres est tout sauf innocent. Il y a évidemment le fait que cet assemblage forme les 2 vrais couples qu'ils étaient alors, A-B, Agnetha et Bjorn, et B-A, Benny et Anni-Frid alias Frida. Mais surtout, s'ils ont choisi ABBA plutôt que BABA par exemple (ça aurait pu !), c'est pour être sûrs que leurs disques soient toujours les premiers dans les bacs à disques des magasins ! ABBA : un groupe de gros malins.

Leur intelligence se voit d'ailleurs aussi dans leurs costumes de scène… kitsch, extravagants et très colorés ! Or, il y a une raison à cela : la défiscalisation. En Suède, une loi prévoit la déduction du coût de sa garde-robe professionnelle des impôts… à condition que ces vêtements soient tellement excentriques qu'on ne puisse pas les porter dans la rue ! ABBA s'est donc jeté sur cette niche fiscale pour payer moins d'impôts, dans le pays au taux d'imposition le plus élevé d'Europe (59 %) ! Autant dire que quand les ABBA recevaient leur feuille d'impôts, ils devaient s'écrier... « Mamma mia ! »

LES TRUCS INSOLITES À CONNAÎTRE SUR...

Tom Cruise

Tom Cruise, ou plutôt Thomas Cruise Mapother IV de son vrai nom, est sans surprise le fils de Thomas Cruise Mapother III... Chez les Cruise, pour les noms, c'est comme pour les films *Mission impossible*, on aime les suites ! Contrairement à ce qu'on pourrait penser, Tom Cruise est devenu acteur par défaut. Les salles obscures qui le faisaient rêver, au départ c'était celles des églises puisque, à l'origine, il voulait être prêtre ! À 14 ans, il a même intégré un séminaire à Cincinnati, dans l'Ohio, où il a été admis de justesse après avoir obtenu le score minimum accepté au test de QI ! Finalement, au bout d'un an, il s'est fait renvoyer de l'école pour avoir volé l'alcool fabriqué par les moines, afin de faire une petite soirée arrosée entre jeunes séminaristes. Pour Tom Cruise, ça a donc été missionnaire impossible !

Tom Cruise n'a pas qu'un problème avec l'alcool, il a aussi un problème personnel avec le chiffre 3… Il s'est marié 3 fois, il a divorcé 3 fois et là où ça devient carrément fou, c'est que quand ils se sont séparés, ses trois femmes avaient toutes le même âge. Et vous savez lequel ? 33 ans !

Au Japon, Tom Cruise est un dieu vivant, à tel point que pour le remercier de venir souvent là-bas, depuis 2006, le 10 octobre est officiellement le *Tom Cruise Day*, la journée Tom Cruise ! C'est la seule star internationale à avoir ce privilège… sans doute parce que les Japonais sont fiers d'avoir un acteur américain qui fait leur taille, je ne vois pas d'autres explications.

Et, en parlant de taille, Tom Cruise mesure 1 m 70, soit 5 cm en dessous de la moyenne pour un Américain. Mais par la magie du cinéma et des talonnettes, il fait toujours la même taille que ses partenaires, y compris quand elles mesurent 1 m 80 comme Nicole Kidman…

Les trucs insolites à connaître sur...

Albert Einstein

Albert Einstein avait une autre grande passion en dehors de la science. C'était la voile, qu'il a découverte à l'âge de 18 ans, alors qu'il étudiait à Zürich. Dès lors, tant que sa santé le lui autorisa, il ne cessa de naviguer. Le problème, c'est qu'Einstein avait un côté tête en l'air à la Pierre Richard... Ce qui peut s'avérer embêtant quand on navigue. D'autant plus qu'Einstein n'a jamais voulu prendre de leçons de navigation. Et qu'il ne savait pas nager ! À cause de cela, il démâtait régulièrement et rentrait donc au port remorqué par un autre bateau. À force de vivre cette expérience un peu humiliante, il aurait pu finir par installer un moteur sur son bateau... Mais non, car, question de principe, Einstein avait décrété, je le cite : « Je préfère me noyer plutôt que de transporter un moteur sur mon voilier ». Einstein était têtu comme un âne, qu'il n'était pourtant vraiment pas !

Ensuite, savez-vous ce qu'Einstein détestait le plus au monde ? Les chaussettes ! Il n'en portait jamais, même lorsqu'il était convié à une réception officielle. L'explication de cette haine des chaussettes doit être cherchée dans l'une de ses premières découvertes, pas vraiment scientifique. Je cite : « Quand j'étais jeune j'ai découvert que le gros orteil finissait toujours par faire un trou dans les chaussettes ! » Faute de réussir à résoudre ce problème, il a arrêté d'en porter !

Enfin, la célèbre photo d'Einstein, celle où il tire la langue, a été prise le 14 mars 1951. Ce soir-là, Einstein fête ses 72 ans à l'université de Princeton. Il est tard, il monte dans une voiture pour rentrer chez lui. Avant que la portière ne se referme, Arthur Sasse, photographe de presse, surgit et demande un sourire à Einstein. Celui-ci est fatigué après cette soirée où il a déjà fait beaucoup de photos et il n'a pas envie de complaire au photographe, qui insiste pourtant. C'est alors qu'Einstein, dans un réflexe enfantin, pour pouvoir enfin rentrer chez lui, tire la langue ! Et c'est comme ça que naquit cette photo, aussi célèbre aujourd'hui que le fameux $E = mc^2$!

Les trucs insolites à connaître sur...

La Coupe Davis

La Coupe Davis est née en 1900 mais ne porte ce nom que depuis 1945 et la mort de son créateur, un étudiant de Harvard, lui-même joueur de tennis, Dwight Davis. Avant, elle s'appelait l'International Lawn Tennis Challenge, *lawn* pour « gazon » puisque, à l'origine, elle opposait les deux pays où l'on jouait sur herbe, les États-Unis et l'Angleterre... Le fameux saladier d'argent, lui, était là dès l'origine ou presque. En fait, le tout premier saladier en était vraiment un ! Dwight Davis, conscient qu'il fallait remettre un trophée au vainqueur mais ne sachant pas trop quoi prendre, avait emprunté le saladier à punch de sa grand-mère. Pour l'édition suivante, il en a fait fabriquer un en argent pour 1 000 dollars, le même que l'on remet chaque année au vainqueur. À une différence près : son poids. Sept kilos à l'origine, mais comme on grave les noms des vainqueurs chaque année, et comme il n'y avait plus de place, il a fallu rajouter des plateaux sous le saladier... On en est à trois et le saladier pèse aujourd'hui 105 kilos ! Autant dire que pour le soulever, il ne faut pas être tennisman mais haltérophile !

Deuxième chose amusante, Christian Boussus, joueur français des années 1930, a remporté quatre Coupes Davis sans jamais jouer une seule fois ! Finaliste à Roland-Garros en 1931, il est tombé pile à l'époque des fameux Mousquetaires, et Boussus, c'était un peu le cinquième Mousquetaire ! Comme Cochet, Brugnon, Borotra et Lacoste ne manquèrent jamais le rendez-vous de la Coupe Davis, ce pauvre Christian est resté quatre ans sur le banc des remplaçants ! Ce qui ne l'a pas empêché d'avoir son nom sur le saladier pour l'éternité, puisque le nom des remplaçants y est gravé. Notons qu'il a tout de même joué des matches de Coupe Davis, entre 1934 et 1938. Mais durant cette période, jamais la France ne remporta une seule fois le saladier d'argent !

Enfin, voici une histoire qui fait froid dans le dos avec le recul. En 2001, la France remporte la Coupe Davis à Melbourne en battant l'Australie. Pour l'occasion, et pensant que ça les avantagerait face à nous, les Australiens avaient installé des plaques de gazon sur le court en ciment de la Rod Laver Arena. Et figurez-vous qu'en les retirant après la rencontre, les agents d'entretien ont découvert un serpent-tigre qui s'était installé là tranquillement. Ça veut dire que Pioline, Santoro et compagnie ont joué avec, sous leurs pieds, un serpent dont une seule morsure peut s'avérer fatale ! Et là, malheureusement, l'expression « mourir sur le court » aurait pris tout son sens...

Les trucs insolites à connaître sur...

U2

Pourquoi Bono s'appelle-t-il Bono puisque son vrai nom est Paul Hewson ? Cela remonte à son adolescence, dans les années 1970. Il est alors chanteur du groupe Lypton Village à Dublin et se cherche un nom de scène comme ses autres amis musiciens. Son premier pseudo, c'est Steinheg-Vanhuyse-no-leg-bangbangbang, mais comme c'est un poil long, il décide de changer. Un jour, il passe devant une boutique qui s'appelle Bonavox. Il trouve que ça sonne bien et se fait appeler Bonavox, qui évolue en Bono Vox, et finalement en Bono. Le plus drôle, c'est que ce magasin, qui existe toujours à Dublin, vend des prothèses auditives ! Un comble pour un rocker, non ? S'il avait été français, il se serait peut-être appelé Audika !

On le sait, Bono est un philanthrope qui, depuis plus de 35 ans, met sa notoriété et une partie de son temps au service de nombreuses causes humanitaires, ce qui lui a valu d'être déjà trois fois en lice pour le prix Nobel de la Paix en 2003, 2005 et 2006. Mais ça reste un businessman plutôt éclairé, puisqu'il est aujourd'hui le rocker le plus riche de la planète. Plus que Madonna, Paul McCartney et Beyoncé, et assez largement puisque sa fortune personnelle est estimée à plus d'un milliard trois cents millions d'euros ! Mais ce ne sont pas les albums de U2 qui lui ont permis d'en arriver là. C'est Facebook !

En 2009, lorsque le réseau social est entré en Bourse, Bono a flairé le bon coup. Il a investi massivement, à hauteur de 77 millions d'euros, devenant actionnaire de Facebook à 2,3 %. La valeur de son portefeuille d'actions a été multipliée par 16 depuis. En huit ans, Bono a ainsi gagné plus d'argent grâce à Facebook qu'en quarante ans de carrière avec U2 ! *Qui va piano va sano* mais qui va Bono va euros !

Bono était aussi très ami avec Johnny Hallyday. Comme il vit une partie de l'année sur la Côte d'Azur, à Eze, où il possède une villa, il allait souvent voir Johnny quand celui-ci se produisait à Monaco, ce qui a été le cas en 2003. Ils ont même passé une partie de la nuit à picoler. Entre deux verres, Bono a promis d'écrire une chanson à Johnny. Cause toujours, surtout après quelques whiskys... Pourtant, quatre ans plus tard, à sa grande surprise, Johnny a reçu la fameuse chanson de Bono. Elle s'appelle « I am the blues » et figure sur son album *Le Cœur d'un homme*. Comme quoi, promesse alcoolisée, promesse parfois réalisée !

LES TRUCS INSOLITES À CONNAÎTRE SUR...

Bruce Springsteen

On surnomme souvent Bruce Springsteen « le Boss », et la première chose que je vais vous apprendre sur lui, c'est qu'il déteste ce surnom car il lui a été donné pour des raisons bassement matérielles : quand il a commencé sa carrière dans les bars du New Jersey, en fin de soirée, c'était lui qui récupérait les cachets auprès des patrons ! Il devait ensuite les redistribuer à ses musiciens qui l'avaient donc surnommé ironiquement le boss, le patron quoi...

En 1984, l'époque de « Born in the USA », le Boss porte en permanence un bandana rouge, le même que

Renaud qui, en tant que grand fan, le lui a emprunté. Alors qu'il est de passage à Los Angeles, Springsteen décide d'aller à Disneyland. Mais lui et ses musiciens sont refoulés à l'entrée par la sécurité. Ce n'est pas qu'il avait fait une chanson contre Mickey, non. Seulement, il refusait d'enlever son bandana rouge. Or, à l'époque, à Los Angeles, il y avait une violente guerre des gangs entre les Crips et les Bloods, dont le signe de reconnaissance était un bandana rouge. Les vigiles de Disneyland ont eu peur que Springsteen et ses musiciens soient confondus avec des membres du gang et provoquent une bagarre, voire une fusillade, dans le parc !

Dernière chose : le Premier ministre Édouard Philippe est un fan absolu de Springsteen. Il paraît même, selon ses collaborateurs, qu'il travaille en écoutant les chansons du Boss. « The River » est même sa chanson fétiche. *River*, rivière... sans doute parce que la politique n'est pas un long fleuve tranquille !

Les trucs insolites à connaître sur...

l'URSS

À l'origine, la faucille et le marteau, qu'on retrouve sur le drapeau de l'URSS, n'étaient pas une faucille qui croisait un marteau mais une charrue. Il y avait aussi un glaive, mais Lénine l'a fait retirer car c'était selon lui contradictoire avec l'essence pacifique de l'URSS. Pourquoi la faucille a remplacé la charrue ? Vous avez évidemment saisi que le marteau représente le monde ouvrier, uni à la charrue du monde paysan. Sauf que les Soviétiques voulaient symboliser un état égalitaire entre les hommes et les femmes. En 1918, le peintre russe Alexandre Leo, chargé de créer l'emblème officiel du marxisme-léninisme, a donc gardé le marteau, outil de l'homme à l'usine, et choisi la faucille, outil des femmes dans les champs. Il faut dire que l'arrondi de la faucille rappelle aussi le ventre fécond de la femme !

On a aujourd'hui une image déformée de l'URSS, qu'on voit comme un régime totalitaire, merci Staline, mais ce fut l'État sans doute le plus précurseur en matière de droits des femmes. Par exemple, en 1917, Alexandra Kolontaï est la toute première femme du monde moderne à participer à un gouvernement : elle est l'équivalent de ministre de la Santé. La même année, les femmes obtiennent le droit de vote, le droit au divorce par consentement mutuel, les congés maternité, un salaire égal à celui des hommes, et même, en 1920, le droit à l'avortement ! Quand on compare avec la France de ces années-là, on se dit que l'URSS était Petrograd et nous rétrogrades !

Enfin, dans les années 1950, les jeunes Soviétiques n'écoutaient pas la radio mais des radiographies ! À cette époque, le rock et toutes les musiques occidentales étaient strictement interdites. Alors, pour pouvoir recopier et écouter les quelques disques qui circulaient sous le manteau, un pirate nommé Ruslan Bogoslowski avait trouvé une astuce : comme le vinyle était rare et très cher en URSS, il utilisait des radios médicales, qu'il récupérait dans les poubelles des hôpitaux puis qu'il gravait à la machine. Un coup de ciseau pour faire une forme de disque, puis une cigarette écrasée pour le trou du milieu, et c'était parti ! Vous vous rendez compte, si je peux faire un peu d'humour noir, à l'époque en URSS, vous auriez pu vous retrouver à écouter du Johnny sur une radio des poumons !

LES TRUCS INSOLITES À CONNAÎTRE SUR…

Catherine Deneuve

Catherine Deneuve est connue dans le monde entier pour sa blondeur. Et pourtant, elle est née brune. C'est d'ailleurs grâce à ses cheveux naturels qu'elle a décroché son premier grand rôle au cinéma ! Mel Ferrer, le réalisateur américain de *L'Homme à femmes*, a flashé sur Catherine Deneuve qui, avec ses cheveux bruns et courts, ressemblait à son épouse de l'époque : une certaine Audrey Hepburn ! Catherine avait alors 17 ans. Elle décide de devenir blonde deux ans plus tard, non pas pour un rôle mais pour faire plaisir à son petit ami de l'époque. Elle pensait qu'il la trouverait encore plus séduisante en blonde.

Alors que, franchement, brune, blonde ou rousse, Catherine Deneuve, il faut être difficile pour ne pas la trouver belle !

Elle cultive aussi une passion folle... et « cultiver » est ici bien choisi puisqu'il s'agit du jardinage ! Elle a une passion dévorante pour les fleurs et elle n'hésite pas, avoue-t-elle, à prendre l'avion pour aller chercher une bouture rare ou des graines qu'elle a repérées dans des revues spécialisées. Une rose aux pétales saumon porte d'ailleurs son nom depuis 1981. Il en va de même depuis 2010 pour un camélia qui porte celui de sa sœur, Françoise Dorléac, avec laquelle elle jouait dans *Les Demoiselles de Rochefort*. Un hommage qui l'a particulièrement touchée.

Enfin, en 1990 aux États-Unis, est aussi sorti un magazine qui s'appelait *Deneuve*. Mais il n'était pas consacré à Catherine Deneuve... C'était le tout premier journal s'adressant aux lesbiennes. Son titre fait référence au film culte *Les Prédateurs* avec David Bowie, dans lequel Deneuve joue une femme vampire et tourne une scène d'amour torride avec Susan Sarandon. Catherine Deneuve a porté plainte. Pas parce que c'était un journal homosexuel, je précise, mais car on ne lui avait pas demandé son autorisation et que cela la dérangeait qu'on puisse penser qu'elle touchait de l'argent dessus... Le magazine, pour éviter le procès, a changé de nom. Catherine Deneuve a, en revanche, gardé le sien.

Les trucs insolites à connaître sur...

Johnny Hallyday

Johnny a eu pas mal de surnoms au fil de sa vie. Le dernier en date, celui donné par Laeticia, sa femme, c'était « Mamour ». Mais ça avait commencé tout jeune : ses copains d'enfance, dont Jacques Dutronc, l'avaient surnommé « Moustique » comme Johnny ne tenait pas en place. Quant à Nathalie Baye, elle l'appelait « Mon petit loup », référence à un de ses tatouages. C'est d'ailleurs en clin d'œil à ce surnom mignon donné par l'actrice qu'il a enregistré la chanson en 1984 dont le titre est... « Mon p'tit loup ! »

Il avait encore un autre surnom, drôle celui-là, donné par son meilleur ami, Eddy Mitchell. Eddy appelait Johnny « Robocop » parce qu'avec ses multiples accidents et blessures au fil de sa vie, il était, je cite Eddy, « recousu de partout ! ».

Johnny et Eddy se sont rencontrés d'une manière assez spéciale. Johnny, qui à 15 ans est encore Jean-Philippe, est invité à une surprise-party où se trouve également Claude, 16 ans, qui lui deviendra Eddy. Tout se passe bien sauf qu'à la fin de la boum, Johnny décide de piquer des disques de Bill Haley. Disques appartenant à Eddy, qui prend Johnny en flag'. Et là, ça dégénère. Le premier vrai contact entre les deux, c'est le poing d'Eddy dans la gueule de Johnny. Leur première rencontre est une bagarre au terme de laquelle Eddy, qui a déjà de l'humour, déclare en détaillant les disques que Johnny essayait de lui voler : « Ça va, il a bon goût. » Et c'est le début de leur amitié...

Une troisième chose amusante sur Johnny concerne Sylvie Vartan, une des femmes de sa vie. On est en 1973 et, pour céder à la mode, on les force à enregistrer le duo « J'ai un problème »... qui n'en est pas vraiment un, car Johnny et Sylvie ont enregistré leur partie chacun de leur côté. C'est qu'ils trouvaient les paroles de cette chanson tellement ringardes qu'ils n'arrêtaient pas de rire pendant l'enregistrement, si bien qu'on a fini par les séparer ! D'autant qu'il fallait enregistrer aussi la version italienne et la version allemande...

Les trucs insolites à connaître sur…

Che Guevara

Ernesto Guevara tire son surnom « Che » de ses origines argentines, puisque, il faut le rappeler, il n'est pas né à Cuba mais à Rosario – comme Lionel Messi, au passage. Et en Argentine, « Che », c'est une façon familière d'interpeller quelqu'un, qui se traduit par « Hé, mec ! ». Comme Guevara l'utilisait souvent, tout le monde a fini par l'appeler comme ça. Mais il a eu d'autres surnoms, comme « Fuser », qui remonte à l'époque de sa jeunesse, quand il jouait au rugby. Il était réputé pour ses plaquages vigoureux. Fuser est donc la contraction de *furibundo* qui veut dire « furieux » et de Serna qui était le nom de famille de sa maman. L'autre surnom est moins glorieux : c'est « Chancho », qui se traduit par « cochon ». Ce surnom vient du fait que, quand il était enfant, Ernesto ne se lavait pas souvent et changeait de vêtement seulement une fois par semaine. Ce surnom lui est resté quand il a adopté son look négligé révolutionnaire pour faire un peu oublier ses origines très bourgeoises...

Le Che était aussi un passionné de moto. Adolescent, pour gagner un peu d'argent, il avait d'ailleurs fait de la pub pour une marque de cyclomoteurs en Argentine. Puis, dans les années 1950, il a traversé presque toute l'Amérique du Sud sur une moto anglaise, une Norton 500 qu'il avait surnommée la *Poderosa*, la puissante. C'est le nom qu'utilise aujourd'hui le fils cadet du Che, patron d'une agence de voyages, pour commercialiser un tour de Cuba à moto. « La Poderosa Tours » passe par les hauts-lieux du parcours révolutionnaire de son père, et notamment Santa Clara, où se trouve le mausolée qui abrite sa dépouille...

Enfin, Che Guevara parlait couramment français. Il le prouve dans une interview qu'il a donnée en 1964 à Genève, alors qu'il assistait à une conférence internationale en tant que ministre de l'industrie de

Cuba... Vous pouvez vérifier : elle est disponible sur YouTube. Quand je vous disais qu'il parlait couramment français... enfin, franChé !

Les trucs insolites à connaître sur...

Les hymnes nationaux

Commençons par le « Star Spangled Banner », l'hymne américain ! Ses paroles ont été écrites en 1814 par Francis Scott Key, un avocat amateur de poésie, en pleine guerre entre l'Angleterre et les États-Unis. Elles célébraient justement la résistance héroïque des Américains, qui se battaient pour continuer à brandir haut et fort leur bannière étoilée, la *Star Spangled Banner*. Mais, le plus amusant, ce ne sont pas les paroles, patriotiques et héroïques comme dans tous les hymnes, c'est la musique. À l'origine, cette musique, c'est celle de « The Anacreon Song ». Et « The Anacreon Song », c'est une chanson à boire anglaise que chantaient les membres d'un club privé du XVIIIe siècle, qui se réunissaient à Londres toutes les deux semaines pour se saouler et se livrer à des orgies. D'ailleurs, l'Anacreon du titre, c'est un poète grec connu pour ses textes érotiques. Si les Américains, tellement puritains, savaient ça, ils voudraient peut-être changer d'hymne officiel !

Mais parlons maintenant de l'hymne anglais, le fameux « God save the Queen », qui devient d'ailleurs « God save the King » quand le monarque est un homme. Eh bien, figurez-vous que cet hymne a pour origine un cantique français, « Grand Dieu sauve le roi », écrit par la duchesse de Brinon en l'honneur du Roi Louis XIV. Haendel, de passage à la cour de Versailles, l'a entendu puis ramené en Angleterre où il l'a traduit. Mais le plus drôle n'est pas là... Le plus drôle, c'est l'origine de ce cantique. Si la duchesse de Brinon l'a écrit, c'est pour remercier le Seigneur d'avoir permis que notre Roi Soleil soit guéri d'une très douloureuse fistule anale ! Si les Anglais savaient ça, ce serait *shocking*, comme ils disent !

Enfin, je ne pouvais pas dans un tel chapitre ne pas évoquer notre Marseillaise ! Savez-vous qu'elle n'a pas été que notre hymne à nous ? Elle a aussi été l'hymne temporaire du gouvernement provisoire de Russie en 1917, avant la Révolution d'Octobre. Et plus tard, elle a aussi été celui du Parti socialiste chilien de Salvator Allende. Finalement, notre Marseillaise, c'est un peu devenu une Internationale !

Les trucs insolites à connaître sur...

Dany Boon

La première chose rigolote à savoir sur Dany Boon concerne ses origines. Son vrai nom, c'est Daniel Hamidou. Dany Boon, c'est un pseudonyme en hommage à « Daniel Boone », une sorte de Davy Crocket, héros d'une série télé que Dany adorait quand il était gamin. Eh bien, d'après son arbre généalogique, un des ancêtres de Dany Boon est un héros national en Algérie. Il s'agit de Hamidou ben Ali dit le Raïs Hamidou, qui fut un grand corsaire à la fin du XVIIIe siècle ! Qui sait, si ça se trouve, un jour Dany Boon tournera son biopic, *Biloute des Caraïbes* !

En 2003, Dany Boon s'est marié avec son épouse actuelle, Yaël, un mariage juif pour lequel sa maman Danièle a tenu à tricoter toute seule, sans aucune aide extérieure, toutes les kippas nécessaires pour la cérémonie. Ça faisait quand même plus de 200 kippas, toutes brodées du prénom de son fils en hébreu ! Même si elle est catholique, il faut croire qu'elle a un petit côté mère juive, sa maman. Dire qu'elle est hyper proche et protectrice de son petit Dany, ce serait un euphémisme ! Par exemple, après le succès de *Bienvenue chez les Ch'tis*, Dany est venu lui rendre visite et lui a dit qu'il envisageait d'acheter une nouvelle voiture... Avec les 26 millions d'euros que lui a rapportés le film, il pouvait se le permettre sans trop de problèmes. Eh bien, sa mère lui a conseillé de ne pas le faire, en lui disant : « On ne sait jamais ! »

Enfin, Dany Boon était très copain avec Johnny Hallyday, qui devait d'ailleurs jouer à l'origine dans *La Ch'tite Famille.* Ça ne s'est finalement pas fait, mais on peut trouver un hommage au chanteur dans le film. Je n'en dis pas plus pour éviter les *spoilers.* L'autre grand pote de Dany, c'est Arthur, l'animateur de TF1. Tellement potes qu'à une époque, ils habitaient dans le même immeuble et en profitaient pour se faire des blagues. Dany Boon avait ainsi capté que la télécommande de sa télé était sur la même fréquence que celle d'Arthur. Du coup, en pleine nuit, il allumait à distance la télé d'Arthur en mettant le son à fond ! Évidemment, ce qui marche dans un sens marchait dans l'autre et Arthur a fini par se venger. Lorsque Dany Boon regardait un match de foot et qu'il y avait une action chaude, Arthur faisait zapper la télé de Dany sur Arte !

C'est d'ailleurs à la télé que Dany Boon a sans doute joué le rôle le plus étonnant de sa carrière : c'était en 1995, il jouait Jeff, un tueur froid et sans scrupules, le méchant d'un épisode de la série *Navarro* ! On était très très loin de « biloute », « hein » et compagnie !

Les trucs insolites à connaître sur…

L'épiphanie et la galette des Rois

À l'origine de la tradition de la galette des Rois, on ne trouve ni galette ni fève, mais une fête qui date de la Rome antique, bien avant Jésus : la fête des Saturnales. On y tirait au sort le roi d'un festin grâce à un jeton. Celui-ci avait le droit pendant une journée entière de faire tout ce qu'il voulait, de réaliser tous ses désirs. Autant vous dire que ça pouvait déraper en quelque chose de pas vraiment religieux…

Puis, au Moyen Âge, est venue la fève, une vraie fève, pour remplacer le jeton romain. À l'époque, tout le monde avait chez soi ce légume, le plus consommé d'Europe. Et puis la fève, c'est le tout premier légume qui pousse après l'hiver, elle symbolise la fécondité. Or, comme je vous l'ai dit, cette tradition remonte aux Saturnales romaines, fête consacrée à Saturne, le dieu de l'agriculture.

Toujours au Moyen Âge s'est développée la tradition du « Roi boit ». En résumé, celui qui avait la fève devait offrir à boire à tous les convives. Seulement voilà, les plus radins avalaient la fève pour éviter d'avoir à payer leur tournée. On s'est dit qu'une fève en porcelaine pourrait leur faire passer cette sale manie, qu'ils auraient peur de s'étouffer en l'avalant et donc la recracherait !

La galette en elle-même est arrivée après la fève. Au début, c'était un morceau de pain dans lequel on cachait la fève, puis c'est devenu un gâteau. La galette sous sa forme actuelle, troisième chose étonnante, est née d'une guerre fratricide entre pâtissiers et boulangers ! On est au XVIe siècle. Les pâtissiers et les boulangers ont à l'époque deux activités bien séparées. Sentant le marché potentiellement juteux de la vente du gâteau des Rois, ils essayent d'en obtenir le monopole. Le roi François Ier finit par trancher en faveur des pâtissiers. Les boulangers l'ont mauvaise et décident de contourner l'interdiction de vendre ce gâteau en le remplaçant par des galettes de pâte feuilletée ! Ce sont les mêmes que l'on mange encore aujourd'hui, y compris à l'Élysée où une autre tradition court, depuis Valéry Giscard d'Estaing...

En effet, à l'Élysée, pas de fève dans la galette, car un président ne peut pas être roi ! C'est aussi le cas dans toutes les galettes aux États-Unis, où cette tradition s'est installée. Mais là-bas, c'est uniquement parce que les pâtissiers ont peur qu'un client se casse une dent ou s'étouffe avec la fève et leur fasse un procès. Et que la fête des Rois devienne surtout celle des avocats !

Les trucs insolites à connaître sur...

Didier Deschamps

Le premier titre que Didier Deschamps a remporté dans sa carrière, celui dont il dit être le plus fier, figurez-vous qu'il ne l'a pas gagné au football ! C'était en athlétisme, il avait 11 ans et il est devenu champion de France scolaire sur 1000 mètres. Ce goût pour la course et l'endurance qu'il gardera ensuite quand il se mettra au foot, il l'a cultivé en chassant la palombe dans le Pays basque avec son papa, Pierre. Comme il était trop petit pour avoir un fusil, il s'amusait à courir comme un chien de chasse pour aller chercher les oiseaux abattus par son père. La France a donc perdu un coureur de demi-fond, mais elle a gagné un grand footballeur... Puisque c'est le Français disposant aujourd'hui encore du plus beau palmarès de joueur, devant celui de Platini et même de Zidane... Eh oui, DD est devant ZZ !

Autre chose, Deschamps a eu plein de surnoms ! Dont bien sûr « DD », qu'il aime beaucoup, au point d'avoir nommé son fils Dylan pour qu'il ait aussi les initiales DD. Il y a eu aussi « La Desch », ce qui n'est pas très valorisant. Aimé Jacquet le surnommait « Trois Pommes », en raison de sa taille modeste pour un footballeur, 1 m 74, ce qui reste grand sur l'échelle de Lizarazu. Marcel Desailly, son meilleur ami qu'il a connu lors de sa formation à Nantes en 1983, le surnomme depuis « Blanchard ». Et pas du tout pour des histoires de couleur de peau ! Desailly raconte que quand il a vu Deschamps débarquer à Nantes avec ses pantalons pattes d'éléphant rapiécés et ses pulls à col roulé tricotés par sa mère, il lui a trouvé un côté ringard qui lui a fait penser au chanteur Gérard Blanchard... Celui qui chantait « Mon amour est parti avec le loup dans les grottes de Rocamadour ».

Dernière chose : le nom de Didier Deschamps est attaché à celui de l'OM. Pourtant entre Deschamps et l'OM, ce fut très compliqué au début. Il n'avait pas du tout convaincu Bernard Tapie, qui l'a prêté à Bordeaux au bout d'un an, puis essayé de le revendre au PSG ! Deschamps a refusé et insisté pour avoir une deuxième chance à Marseille. Il n'y a pas que le Breton qui est têtu, le Basque aussi ! Tapie, admiratif qu'il lui tienne tête, a accepté. On connaît la suite... la première et seule Ligue des Champions pour un club français, en 1993.

Les trucs insolites à connaître sur...

Le dauphin

Le dauphin n'est pas le gentil cétacé qu'on a vu dans *Le Grand Bleu* de Luc Besson. Éloignez les enfants : le dauphin a une sexualité, dirons-nous, très libre. Il est polygame, change de partenaire tous les ans et peut avoir des comportements homosexuels, voire bisexuels, certains mâles n'hésitant pas à former des ménages à trois, voire à quatre avec une femelle seule. Et si elle n'est pas d'accord, ils lui forcent la main, enfin, la nageoire... Oui, il y a du harcèlement sexuel chez eux aussi, hashtag balance ton dauphin ! Et attendez, ce n'est pas tout, ce dépravé de dauphin se drogue ! C'est incroyable mais un documentaire de la BBC a montré un groupe de dauphins titillant avec leur bec sans le blesser un poisson-globe. Pour se défendre, celui-ci libère une neurotoxine mortelle à haute dose. Mais au niveau où il la libère quand les dauphins s'amusent avec lui, elle a juste un effet psychotrope. Ce qui permet aux cétacés de se shooter. En gros, le gentil dauphin, il est déjà *sex and drugs*, il ne manque plus que le rock'n'roll !

Ensuite, figurez-vous que, comme nous, les dauphins communiquent entre eux avec leur langage particulier, ce sifflement bien connu. Mais ça va beaucoup plus loin : des scientifiques ont découvert que chaque dauphin avait un prénom. Oui ! Alors pas Bernard ni Florian, mais un sifflement unique pour chacun d'entre eux, ce qui leur permet de s'appeler et de communiquer individuellement, sans que les autres dauphins autour ne réagissent !

Enfin, notre dernière anecdote sur les dauphins concerne la série de notre enfance, *Flipper le dauphin*. Figurez-vous que Flipper n'était pas un dauphin mais une dauphine ! Oui oui, Flipper était une fille... en fait cinq filles puisque, pour le tournage, on a fait appel à cinq femelles, Susie, Kathy, Patty, Scotty et Squirt. Pour plusieurs raisons : la première, c'est que la femelle dauphin est moins agressive que le mâle, donc plus facile à dresser. La deuxième est purement esthétique : les dauphins mâles ont tendance à se battre entre eux, ce qui leur laisse des traces et des cicatrices sur la peau. Les femelles, non, elles sont donc plus jolies à l'écran. Et ce n'est pas tout, dans la série, Flipper était doublé… Les sifflements des dauphins sont en grande partie des ultrasons. Alors pour que nous puissions les entendre à la télé, la voix de Flipper a été bidouillée par l'ingénieur du son de la série. Ce qu'on croit être la voix d'un dauphin est en fait le chant trafiqué d'un martin-pêcheur ! Flipper était en playback, et ça, c'est flippant !

Les trucs insolites à connaître sur...

Franck Dubosc

Franck Dubosc a été connu en Angleterre avant de l'être en France. Nous sommes en 1987, le jeune Franck sort tout juste du conservatoire d'art dramatique de Rouen, où il a côtoyé Karin Viard et roulé des pelles à Valérie Lemercier. Il galère pour trouver des rôles et part tenter sa chance de l'autre côté de la Manche, lui qui a un peu étudié la langue de Shakespeare. Il réussit à décrocher un rôle dans *Coronation Street*, une sorte de *Plus belle la vie* british créée en 1960 et qui existe toujours en 2018, record mondial ! Il jouait le rôle d'un french lover, Patrice

Podevin. On sent dans ce nom toute l'ironie anglaise à propos des Français...

Franck Dubosc n'a joué que dans quelques épisodes, mais ça a failli être un tremplin incroyable pour lui. En effet, comme *Coronation Street* est très suivie au Royaume-Uni, Franck est repéré par un directeur de casting qui lui propose de passer des essais pour une superproduction hollywoodienne. Il n'est finalement pas retenu mais, s'il l'avait été, il aurait joué dans *Indiana Jones et la dernière croisade* de Steven Spielberg. Et pas n'importe quel rôle, en plus : il aurait été Indiana Jones jeune ! Oui, du haut de ses 25 ans, Franck Dubosc aurait pu être la version post-adolescente de Harrison Ford ! Finalement, ce n'est pas le fouet et le chapeau d'Indiana Jones qui l'ont rendu célèbre, mais le slip de bain moule-paquet de Patrick Chirac !

À propos de *Camping*, Franck Dubosc a avoué en avoir fait jusqu'à l'âge de 36 ans. Il connaît donc très bien le sujet puisque tous les étés en famille, il se rendait non pas aux Flots bleus en Gironde comme dans le film, mais en Dordogne au camping de Cénac et Saint-Julien, emplacement numéro 16 pour la caravane à auvent des paternels. Lui plantait sa tente juste à côté, sur l'emplacement d'un certain Jacky.

Car, oui, le Jacky du film a vraiment existé. Tout comme le chocolat en poudre pour le petit déjeuner. Sauf que si, dans le film, Patrick Chirac est accro au Benco, dans la vraie vie, le jeune Franck Dubosc carburait, lui, au Banania ! Et déjà aux filles puisque, comme il l'a avoué lui-même, c'est dans ce camping qu'il a connu sa première fois. Il n'a pas consommé les spécialités locales pour autant : c'était une jeune Belge ! Et elle, ce soir-là, elle a attendu Patrick !

Les trucs insolites à connaître sur...

Jean Dujardin

Jean Dujardin a bien failli ne pas recevoir d'Oscar pour son rôle dans *The Artist*, à cause de son film à sketches *Les Infidèles*. En effet, au moment où sort ce film un peu trash sur l'infidélité, Jean Dujardin est à Hollywood en promotion pour décrocher la précieuse statuette. Or, comme pour une campagne présidentielle, le moindre petit faux-pas peut être fatal. Voilà pourquoi il décide de sacrifier une scène du film, dans laquelle il est à New York en train de s'envoyer en l'air avec sa maîtresse, tout en mentant au téléphone à sa femme. Qu'est-ce qui aurait pu choquer les Américains là-dedans, allez-vous me dire ? Eh bien, au moment où il dit « Tout va bien ma chérie » à sa femme, on aperçoit à travers la vitre de sa chambre d'hôtel un avion percuter l'une des tours jumelles du World Trade Center ! Ça, les Américains n'auraient pas aimé !

Par ailleurs, Jean Dujardin ne voulait pas être acteur à l'origine. Il voulait devenir dessinateur, il a d'ailleurs fait des études d'arts plastiques. Pour financer ses études, il travaillait dans l'entreprise de son père. Il a donc été serrurier et miroitier pendant deux ans. Il a par exemple fait de petits travaux à l'aéroport d'Orly. Puis, il est parti en service militaire, où il a eu la révélation de son don de faire rire les autres. Il en a gardé le goût de la ferraille et s'est installé un petit atelier où, avec un poste à souder, il crée des œuvres abstraites avec des pièces de métal qu'il chine dans les brocantes.

C'est aussi un passionné de rugby, atavisme familial puisque, même s'il est né dans les Hauts-de-Seine, il a des origines béarnaises. Plus jeune, il a joué dans l'équipe de Rueil-Malmaison avec deux de ses frères. Il jouait sur l'aile mais n'était pas souvent titulaire, comme il l'a avoué lui-même, disant qu'il a « surtout cueilli les pâquerettes au bord de la touche ».

Mais cet amour du rugby est à l'origine d'un de ses rares caprices de star…

En 2011, alors qu'il était aux États-Unis pour *The Artist*, il a exigé que les hôtels où il résidait aient accès à une chaîne diffusant la Coupe du Monde de rugby afin que, même en pleine nuit avec le décalage horaire, il puisse suivre les matches des Bleus, entraînés alors par son ami Marc Lièvremont avec qui il échangeait quotidiennement des SMS. Son personnage de Brice, c'était « J't'ai cassé » mais lui en vrai c'est plus « J't'ai plaqué » !

Les trucs insolites à connaître sur...

La vache

Les vaches sont vraiment vaches ! Ce sont sans doute les plus grosses pollueuses de France. Vous savez que ruminer les fait beaucoup roter et péter. Elles émettent alors du méthane, un gaz à effet de serre 25 fois plus nocif que le CO_2. On estime qu'une seule vache française produit 125 kg d'équivalent CO_2 par an, c'est-à-dire autant qu'un Paris-Lyon en voiture ! Si vous additionnez toutes les vaches de notre pays, en un an, elles émettent autant de gaz que 15 millions de voitures ! Ce qui représente 5 % du CO_2 que la France émet chaque année ! Ah, ça, les vaches, elles lui font un effet bœuf, au réchauffement climatique !

Même si ça ne lui arrive pas souvent d'avoir l'occasion de le faire, une vache ne peut pas descendre un escalier à cause de ses articulations ! Si ses pattes avant sont comme nos jambes, avec un genou qui se plie dans le même sens, ses pattes arrière sont inversées, et ses genoux aussi. Résultat : une vache peut fléchir ses pattes pour monter un escalier, mais pas pour le descendre ! Autre particularité de la vache, c'est qu'elle a les sphincters un peu lâches et qu'elle les contracte quand elle entre doucement dans l'eau. Elle ferme les écoutilles, si je puis dire. Mais si vous la jetez dans l'eau, sans la prévenir, paniquée, elle n'aura pas le temps de les contracter. Tant et si bien qu'elle risque de se noyer en se remplissant par l'anus !

Enfin, l'expression bien connue de « Mort aux vaches » n'a évidemment rien à voir avec nos chères bêtes à cornes ! Quoique, si, un peu quand même puisque cette injure adressée aux policiers ou aux représentants de l'ordre est née à l'époque des guerres de religion quand Henri IV, roi de France protestant, essaye de reconquérir Paris, alors aux mains des catholiques. Comme les étendards d'Henri IV arboraient deux vaches, les Parisiens résistants ont alors créé cette injure contre les soldats qui les assiégeaient ! Trois siècles plus tard, en 1870, les Allemands ont envahi l'Alsace et la Lorraine. Sur les postes des sentinelles teutonnes, il y avait inscrit le mot « garde », en allemand « Wache », qui en français se lit « Vache ». « Mort aux Wache » est donc devenu le cri des Français face à l'envahisseur ! Sauf que, cette fois, ce n'était plus Henri IV !

Les trucs insolites à connaître sur...

Jeanne d'Arc

Jeanne d'Arc ne s'est sans doute jamais appelée comme ça. Absolument aucun document historique, notamment ceux de ses procès, ne mentionne ce nom qui apparaît pour la première fois dans un poème écrit un siècle et demi après sa mort ! Alors, comment s'appelait-elle ? Les historiens ne sont pas tous d'accord, Jeanne d'Arc étant un vaste sujet de controverse qui a produit 800 biographies ! Elle-même, lors de son procès à Rouen en 1431, se présentait comme Johanette. Quant à son nom d'Arc, c'est bien celui de son père Jacques mais, à l'époque, elle l'a d'ailleurs dit à son interrogateur l'évêque

Cauchon, les filles portaient le nom de leur mère. En l'occurrence Romée, pour la sienne. Il est donc fort probable que Jeanne d'Arc s'appelât en réalité Johanette Romée. Je prends des pincettes car, encore une fois, tous les chemins des historiens ne mènent pas à Romée.

De même, on nous présente Jeanne D'Arc comme une pauvre petite bergère qui gardait les moutons à Domrémy. La réalité est tout autre. Jeanne est née dans une famille de notables, des agriculteurs assez aisés qui possédaient plus d'une dizaine d'hectares de terre, du bétail, des chevaux. Et une grande maison dans laquelle Jeanne avait son propre lit, ce qui était une exception pour l'époque, un signe extérieur de richesse ! Les lits d'hôpitaux en ce temps-là se partageaient à deux ou trois malades... De plus, Jeanne d'Arc n'a jamais été bergère. Elle a gardé les moutons de temps en temps mais seulement jusqu'à son âge de discrétion. C'est-à-dire 7-8 ans ! En revanche, elle s'occupait des tâches domestiques, faisait le ménage dans la maison, savait coudre et filer la laine. Elle avait même fait un peu sa crâneuse lors de son procès, prétendant que question filage de la laine, elle ne « craignait pas les femmes de

Rouen », réputées pourtant parmi les meilleures de France.

Pourquoi a-t-on fait d'elle une bergère ? Pour des raisons symboliques. Dans la Bible, Dieu choisissait les prophètes parmi les bergers, par exemple David. Dans le Nouveau Testament, les bergers sont les premiers à apprendre la nouvelle et à venir adorer l'Enfant Jésus. Une bergère, ça collait parfaitement à l'image de la jeune fille qui reçoit le message divin à travers les fameuses voix.

La célèbre statue dorée de Jeanne d'Arc à Paris, place des Pyramides, a été inaugurée en 1874. Le sculpteur Emmanuel Frémiet a pris pour modèle Aimée Girod, une paysanne lorraine qu'il découvre à Domrémy où il s'est rendu pour s'imprégner de la jeunesse de Jeanne d'Arc. Mais le plus fou et affreux dans cette histoire, c'est qu'une fois la sculpture inaugurée à Paris, Aimée Girod va sombrer dans la misère la plus totale, avant de mourir en 1937, au mois de mai, comme Jeanne. Et vous savez comment ? Brûlée vive dans l'incendie de l'immeuble où elle demeurait.

LES TRUCS INSOLITES À CONNAÎTRE SUR…

La bière

La bière est une boisson qui a déjà dix millénaires d'histoire ! Les hommes, en l'occurrence les Babyloniens, l'ont même inventée avant la roue ! La roue, c'était en 3500 avant Jésus-Christ, la bière, en -8000 ! Et à l'époque, on ne rigolait pas avec la bière puisque si un brasseur en proposait de la mauvaise, ou pire, si on découvrait qu'il la coupait à l'eau, il pouvait être condamné, soit à être noyé dans le tonneau qui contenait sa bière, soit à la boire jusqu'à ce que mort s'ensuive !

Mais, je vous rassure, dans l'Égypte antique, ce n'était guère mieux. La bière était aussi très importante au temps des Pharaons, c'était d'ailleurs la devise principale. On ne payait pas en monnaie mais en litres de bière. Par exemple, les bâtisseurs de pyramide touchaient 4 litres par jour. Boire ou construire, on n'avait pas à choisir ! C'est d'ailleurs en Égypte qu'a eu lieu le premier accident au volant de l'histoire. On est en 2000 av. J.-C. et un cocher, ivre de bière, renverse une vestale du temple d'Hathor. Arrêté, il est crucifié, mais pas n'importe où : sur la porte de la taverne qui lui a vendu sa bière !

Savez-vous quel est le pays où on boit le plus de bière au monde aujourd'hui ? Vous penserez sûrement à une réponse évidente comme l'Allemagne ou la Belgique. Mais si c'était évident, ça ne serait pas drôle ! En fait, il s'agit de la République tchèque, avec 157 litres par personne par an en moyenne. En somme, ça fait un bon petit rythme d'une pinte par jour. Mais il y a une explication à cette consommation assez élevée : la République tchèque fait partie des neuf pays dans le monde, avec entre autres la Belgique, la Croatie et le Costa Rica, où la bière coûte moins cher que l'eau minérale ! Avouez que ça fait une vraie bonne excuse pour en boire !

Enfin, connaissez-vous le Rockskilde Festival ? C'est un gros festival de musique danois qui a fait parler de lui, il y a quelques années, en annonçant qu'il avait décidé de récolter l'urine de ses participants pour brasser de la bière. Eh bien, deux ans plus tard, 60 000 bouteilles ont été produites d'une bière dont le nom va vous amuser : Pisner... Et je n'invente rien ! Je précise qu'évidemment la bière n'a pas le goût d'urine, celle-ci ayant simplement servi à fertiliser les champs d'orge nécessaire à sa fabrication ! La Pisner sera vendue au Festival cet été et le pipi qui en sera issu à nouveau récolté pour refabriquer de la bière ! Comme quoi on peut être écolo et alcoolo !

Les trucs insolites à connaître sur...

Kylian Mbappé

Bondy est la ville de Seine-Saint-Denis où a grandi André Malraux, l'auteur de *La Voie royale*, celle que Kylian Mbappé emprunte depuis qu'il a commencé le foot à l'âge de 2 ans. Le petit Kylian est un grand fan de Zidane, à qui il a réussi à grappiller à Clairefontaine le tout premier autographe de sa collection. Il n'avait que 4 ans. Or, plus tard, l'amour de Zizou lui vaudra une grosse engueulade de ses parents ! Pas une histoire de coup de boule comme son idole. Pire ! À 14 ans, pour ressembler au footballeur, il a demandé à son coiffeur de reproduire sur lui la coupe de cheveux de Zidane à l'époque, c'est-à-dire de lui créer une calvitie artificielle ! Imaginez la tête des parents en voyant le résultat ! Que leur fils soit précoce, d'accord, mais pas au niveau de la chute des cheveux !

Vous l'avez peut-être déjà vu célébrer un but : Kylian Mbappé s'arrête net, écarte un peu les jambes et croise les bras ! Ce rituel est né lors d'une partie de foot sur console de jeux avec son petit frère de 11 ans, Ethan. Ce dernier avait pour une fois réussi à battre Kylian et, pour le chambrer après sa victoire, il a fait ce geste ! Pas rancunier, et en clin d'œil à son cadet, Mbappé a décidé de lui piquer cette célébration. Déjà faite plus de cinquante fois en à peine trois ans de carrière professionnelle !

Thierry Henry, à qui on le compare, était surnommé « Titi ». Michel Platini, c'était « Platoche ». Quant à Kylian Mbappé, il a déjà beaucoup de surnoms… Il y a « Bip-Bip », comme dans le dessin animé avec le Coyote en raison de sa vitesse sur le terrain, ou encore « Casse-Bonbons », un des personnages des *Razmoket*, dessin animé des années 1990. Mais le plus étonnant de ces surnoms, c'est « la Grenouille de Bondy » ! Il lui vient paradoxalement d'un Twittos (un utilisateur de Twitter) qui, ne l'aimant pas trop, trouvait qu'il avait une tête de batracien et qu'avec sa voix un peu nasillarde en interview, on avait l'impression qu'il coassait... Puis, ce qui était une moquerie est devenu un surnom affectueux, adopté par les réseaux sociaux et même par la presse ! En tout cas à 19 ans, déjà champion de France avec Monaco et le PSG, champion du monde avec les Bleus, on peut dire que Kylian Mbappé est la grenouille qui s'est faite plus grosse que le bœuf... Que Franck Lebœuf, évidemment, puisqu'on parle de foot !

Les trucs insolites à connaître sur...

La coccinelle VW

À l'origine, la coccinelle VW s'appelait la « KDF Wagen », pour *Kraft Durch Freude*, « la Joie par le Travail », du nom d'une organisation de loisirs contrôlée par les nazis. Pas hyper vendeur, surtout après la guerre. C'est là qu'elle va prendre tous ses surnoms, inspirés de sa forme. Et tout le monde n'a pas la même inspiration. Chez nous, c'est donc la Coccinelle, et dans les pays anglo-saxons, la Beetle, qui veut dire scarabée ! Aux Pays-Bas, c'est la Kever qui veut dire hanneton, en Norvège, la Boble pour la bulle, et en Bolivie, la Peta qui signifie la tortue. Finalement, le seul pays qui lui a donné un surnom pas très sympa, c'est l'Allemagne, où comme on la trouve laide et bruyante, on l'a baptisée Käfer... le cafard !

Autre chose amusante, son nom anglais de Beetle fait bien sûr penser aux Beatles. Eh bien, la Coccinelle fait partie de la légende des quatre de Liverpool ! Vous vous souvenez de l'album *Abbey Road* de 1969 ? Et de sa fameuse pochette où les Beatles traversent la rue sur un passage clouté ? En arrière-plan, on voit une Coccinelle blanche, qui est là, non pas pour des raisons artistiques, mais tout simplement parce qu'on n'avait pas trouvé son propriétaire et donc les clés pour la déplacer. Mais elle est entrée dans la légende, notamment à cause de sa plaque d'immatriculation... À l'époque, une rumeur laissait entendre que Paul McCartney s'était tué dans un accident de voiture en 1966 et qu'il était remplacé par un sosie. Eh bien, la plaque de la Coccinelle a entretenu cette théorie. C'était LMW 281F, acronyme pour certains de « Living McCartney Would be 28 IF... », en clair « vivant, McCartney aurait 28 ans si... ». S'il n'avait pas eu cet accident, bien entendu. Effectivement, au moment de la photo, Paul avait vraiment 28 ans. Mais il est bien vivant et cette Coccinelle aussi, elle est même exposée au parc de loisirs de Volkswagen à Wolfsburg...

Enfin, vous vous souvenez des films de Disney *La Coccinelle* avec cette voiture vivante qui court notamment le Rallye de Monte-Carlo ? Choupette : voilà le prénom féminin qu'on lui a donné dans la version française. Alors qu'en version originale, la Coccinelle s'appelle Herbie, prénom masculin. Ce qui a posé un problème inattendu : dans la troisième de ses aventures, la Coccinelle a un coup de foudre pour une autre voiture baptisée Giselle. Choupette amoureuse de Giselle, une romance mécanico-lesbienne dans un film pour enfants, ça le faisait moyen. Voilà pourquoi, dans la VF, la Coccinelle ne s'appelle plus Choupette mais Roméo. Et Giselle est devenue Juliette !

Les trucs insolites à connaître sur...

La France à l'Eurovision

L'Eurovision est un concours, dois-je le rappeler, que nous n'avons plus gagné depuis 1977, et Marie Myriam avec « L'Oiseau et l'Enfant » est à l'Eurovision ce que Yannick Noah est à Roland-Garros... L'enfant, il a dû grandir à force. La France a pourtant remporté cinq fois le concours, ce qui est bien puisque seules l'Irlande et la Suède ont fait mieux que nous, avec respectivement sept et six victoires. D'ailleurs, nous aurions dû avoir six victoires et c'est la première chose étonnante sur la France à l'Eurovision...

En 1983, la chanteuse Corinne Hermès propose la chanson « Si la vie est un cadeau » à la sélection française. Mais la France ne la choisit pas. Alors, Corinne, qu'est-ce qu'elle fait ? Elle propose la chanson au Luxembourg, qui la sélectionne et qui, grâce à elle, remporte cette année-là le concours de l'Eurovision ! Le pire, c'est qu'elle offre sa cinquième victoire au Luxembourg, autant que nous à ce jour !

Voilà peut-être l'explication de nos échecs à répétition depuis trente ans : déjà, on s'obstine à chanter en français alors que depuis vingt ans et Céline Dion pour la Suisse, aucune chanson dans notre langue n'a gagné ! On comprend mieux, j'ai fait le calcul, pourquoi depuis Marie Myriam, on finit en moyenne treizième du concours... L'autre explication, c'est que les deux pays qui, depuis la création de l'Eurovision, nous ont donné le plus de points sont Monaco et le Luxembourg. Le problème, c'est que Monaco ne participe plus depuis 2007. Et le Luxembourg depuis 1994 ! Franchement, on a la poisse. Et je crois même qu'on la porte ! Parce que depuis dix ans, le pays auquel on a donné le plus de points dans les différents concours, c'est l'Arménie... qui n'a jamais gagné l'Eurovision ! Nous sommes le chat noir du concours !

Enfin, parlons un peu de la chanson de Dani « La vie à 25 ans ». C'est la chanson qui a représenté la France en 1974. Enfin qui aurait dû, mais qui n'a pas pu, à cause du président Pompidou ! Car le mardi 2 avril 1974, Pompidou a eu la mauvaise idée de décéder. Ses obsèques étaient prévues le samedi suivant, pile le jour du concours de l'Eurovision. Du coup, la France a décidé de ne pas y participer. Ça n'aurait pas vraiment été de très bon goût de chanter « La vie à 25 ans » le jour où on enterrait un mort à 62 ans.

Les trucs insolites à connaître sur…

La Saint-Patrick

La Saint-Patrick n'est pas la fête nationale irlandaise pour la bonne et simple raison qu'il n'y a pas de fête nationale en Irlande, pas d'équivalent à notre 14 juillet. C'est en réalité la célébration de la mort, un 17 mars à la fin du ve siècle, de Saint Patrick, le saint-patron de l'Irlande. Au passage, et c'est amusant, ce dernier n'est pas irlandais et ne s'appelle pas Patrick. En fait, il est né sous le nom de Maewyn Succat en Écosse et il a atterri en Irlande bien malgré lui, après avoir été capturé par des pirates et vendu. C'est après avoir réussi à s'échapper qu'il se réfugie dans un monastère, où il deviendra prêtre sous le nom de Patricius. D'ailleurs, la couleur de saint Patrick n'était pas le vert mais le bleu, couleur qu'on retrouve sur les vieux drapeaux irlandais.

Le vert a fait son apparition 1 200 ans après la mort de saint Patrick, pendant la rébellion irlandaise, quand le trèfle est devenu un symbole du nationalisme. Le fameux trèfle intimement lié à saint Patrick. L'histoire veut que, pour expliquer la Sainte Trinité aux Irlandais, il prit un trèfle et le compara au Dieu des chrétiens, à la fois Un, comme le trèfle, mais comportant pourtant trois entités, chacune des feuilles représentant le Père, le Fils et le Saint-Esprit !

La Guinness, bière irlandaise par excellence, est tellement indissociable de la Saint-Patrick que, tous les 17 mars, sa consommation mondiale passe de 5 millions et demi de pintes servies à 13 millions ! Cette bière est née en 1759 et arbore depuis sur ses bouteilles la harpe celtique, symbole irlandais, ce qui lui a valu d'ailleurs des soucis avec le gouvernement. En 1920, l'Irlande veut adopter la harpe celtique comme symbole national. Chez Guinness, on ne l'entend pas de cette oreille. On assiste alors à un conflit violent entre le brasseur et l'État. Finalement, c'est Guinness qui a le dernier mot. C'est dire la puissance de cette marque ! Du coup, sur les armoiries de l'Irlande et sur les pièces de 1 euro aussi, vous trouvez la même harpe que sur les bouteilles de Guinness, mais inversée !

La Saint-Patrick est évidemment très populaire aux États-Unis, pays à forte immigration irlandaise. Il y a même une tradition à la Maison Blanche. Chaque année, le président américain reçoit un bol en cristal rempli de trèfles, qui ne survivront pas à la Saint-Patrick, puisqu'ils sont détruits par les services secrets dès la fin de la cérémonie. C'est la loi, personne n'a le droit d'offrir de nourriture au président des États-Unis ! Or, le trèfle, c'est comestible !

LES TRUCS INSOLITES À CONNAÎTRE SUR...

La Saint-Sylvestre

Savez-vous qui est ce Sylvestre qu'on fête le 31 décembre ? Je ne savais pas non plus et, à vrai dire, je ne m'étais jamais posé la question... Pour moi, le Sylvestre le plus connu jusqu'ici c'était le chat de Titi et Grosminet. Eh bien, le Sylvestre du 31 décembre, c'est en fait Sylvestre Ier, trente-troisième Pape, qui dirigea l'Église de 314 à 335. Un Pape important car c'est sous son pontificat que les chrétiens cessèrent d'être persécutés par les Romains et que furent construits les premiers grands monuments du christianisme, comme la basilique Saint-Pierre à Rome.

On le fête le 31 décembre car Sylvestre Ier est mort le 31 décembre 335. Il fut d'ailleurs un des premiers saints canonisés sans être mort en martyr, ce qui en dit long sur sa place dans l'histoire chrétienne...

Parmi les traditions du Nouvel An, on s'embrasse sous le gui à minuit, le gui qui était porte-bonheur chez les Celtes car, comme ses feuilles restent vertes même en hiver, il était symbole d'immortalité, donc de bonne santé. Mais en Espagne, par exemple, ce n'est pas le gui qui compte à minuit, c'est le raisin ! Sauf qu'on ne s'embrasse pas sous une grappe... On mange douze grains de raisin, un à chaque coup de cloche à minuit, et si on réussit à le faire sans s'étouffer, on est censé avoir une année de prospérité. Le plus amusant est l'origine de cette tradition. Ce n'est pas du tout religieux mais purement commercial. On est en 1909, dans la région d'Alicante, cette année-là la récolte de raisins est si prolifique qu'il y a surproduction. Quelques viticulteurs malins inventent donc ce concept de « raisins de la chance » qu'ils vendent par 12 grains pour se débarrasser de leur excédent de stock !

Enfin, à propos de la Saint-Sylvestre, on a constaté que, dans le monde, il naissait quasiment deux fois plus de bébés le 23 septembre que les autres jours de l'année. En remontant 265 jours plus tôt, durée moyenne d'une grossesse aujourd'hui, les démographes sont tombés sur le 1er janvier ! Ils en ont tiré la conclusion que ce soir-là, dans l'euphorie du Nouvel An, les couples ont tendance à se laisser aller... On fait bien la fête, un verre de trop, un contraceptif en moins et hop, un bébé en route ! Voilà pourquoi Julio Iglesias, Cyril Hanouna et Patrick Fiori sont peut-être des bébés du Nouvel An !

Les trucs insolites à connaître sur...

Le café

Le café... *What else!* Le café le plus cher du monde se vend à 40 euros la tasse. Il s'appelle le Black Ivory et son prix élevé est justifié par le fait que sa fabrication est assez compliquée, puisqu'elle nécessite un éléphant... Cela se passe dans le nord de la Thaïlande et c'est écologique, en plus. On a trouvé un moyen original de protéger les éléphants : on les utilise pour produire ce café. On leur donne à manger les meilleurs fruits du caféier, une sorte de cerise dont le noyau est à l'origine du grain de café. Tout ça est digéré pendant 15 à 70 h dans l'estomac du pachyderme avant qu'il évacue par voies naturelles les noyaux. On les recueille alors dans ses excréments avant de les torréfier. Il faut 33 kg de cerises pour faire un 1 kg de café. Et surtout beaucoup de courage !

Le café est bu dans le monde entier, c'est même la deuxième boisson la plus bue au monde, après l'eau. On estime qu'à chaque seconde qui passe, il s'en boit 1 684 tasses, soit 400 milliards par an. S'il est arrivé en France en 1644, précisément à Marseille où, quelques années plus tard, fut ouvert par un certain Pascali le tout premier café public, il a été bu bien avant, notamment au Moyen-Orient. C'est pour cela que, quand il est arrivé chez nous, on ne l'appelait pas encore le café mais le vin d'Arabie. Et d'ailleurs, en Turquie, on ne plaisantait pas avec le café : au XVIe siècle, là-bas, la loi était claire ! Si un mari ne contentait pas les besoins de café de sa femme, elle était autorisée à demander le divorce ! Elle pouvait aller devant le juge et dire j'en ai marre... de café, évidemment !

Enfin, parlons du café soluble. Ce qui est étonnant, c'est celui qui l'a inventé ! Ça s'est passé le 7 mars 1881, sous le numéro de brevet 141 520, un brevet pour, je cite, « le sucre café soluble ». L'homme derrière l'idée de génie de lyophiliser le café, l'a eue alors qu'il faisait son service militaire, où tous les conscrits se plaignaient de la qualité du café, véritable jus de chaussette. Qui est ce mystérieux inventeur, à votre avis ? Quelqu'un qu'on ne connaît évidemment pas pour ses talents de chimiste et d'inventeur, même s'il fit des études de pharmacie. Non, on le connaît plus pour ses œuvres humoristiques et ses multiples citations qu'on retrouve régulièrement aux « Grosses Têtes ». Il s'agit d'Alphonse Allais ! Oui oui. Ainsi, vu qu'il aimait tant les jeux de mots et les calembours, on peut dire qu'il a inventé le café Allais !

Les trucs insolites à connaître sur...

Le chocolat

Christophe Colomb a découvert l'Amérique mais pas le chocolat. Pourtant il aurait pu, mais il a été victime d'une méprise assez drôle... En 1494, alors qu'il va rentrer en Europe, des Amérindiens lui offrent des fèves de cacao. Pour eux, c'est aussi précieux que de l'or, ils s'en servent d'ailleurs comme monnaie. Poliment, Christophe Colomb prend les fèves mais, dès que les indigènes lui tournent le dos, ils les jettent par-dessus bord ! Et vous savez pourquoi ? Parce qu'il pensait que c'était des crottes de chèvre ! C'est donc Cortez qui importera finalement le chocolat en Europe, en 1528.

Le chocolat a aussi failli tuer Winston Churchill, qui adorait ça, mais pas parce qu'il en mangeait trop. Pendant la Deuxième Guerre mondiale, les nazis avaient imaginé se servir du chocolat pour l'assassiner, grâce à une tablette truffée à l'explosif, que des espions auraient amenée jusqu'à lui. Elle devait exploser lorsque Churchill aurait cassé un carré de chocolat grâce à un dispositif de languette métallique. La prochaine fois que vous direz « je vais exploser » après avoir trop mangé de chocolat, vous penserez à Churchill !

Enfin, vous connaissez tous Alfred Hitchcock. Et vous vous souvenez forcément de la scène culte de la douche dans *Psychose* en 1960… quand la blonde Janet Leigh est assassinée à coups de couteau ! Quel rapport avec le chocolat, me direz-vous ? Eh bien, pour imiter le sang qui coule dans la douche, Hitchcock a utilisé du chocolat liquide… Je rappelle que le film est en noir et blanc, la couleur n'était donc pas un problème. Il trouvait que la texture faisait plus réaliste que du ketchup ou même du faux sang ! Et, puisque j'en suis à démystifier cette scène culte, le bruit du couteau planté dans la victime, c'est en fait celui du même couteau planté dans une pastèque !

Les trucs insolites à connaître sur...

Intouchables

La première chose que vous ignorez sur le film *Intouchables* concerne la fameuse réplique : « Pas de bras, pas de chocolat. » Eh bien, qui l'eût cru ? Omar Sy a eu énormément de mal à la jouer ! Au départ, il ne voulait même pas la jouer du tout car il pensait que la vanne ne marcherait pas. Et pour cause, à l'origine, c'est une vieille blague Carambar. Il a fini par se laisser convaincre par les deux réalisateurs et c'est devenu la réplique culte du film... Comme quoi !

Saviez-vous aussi que ce n'est pas François Cluzet qui aurait dû jouer le rôle du riche tétraplégique dans le film ? Il n'était que le troisième choix des réalisateurs ! Au début, ils voulaient Benoît Poelvoorde, qui a refusé car il se sentait incapable de jouer cloué dans un fauteuil sans pouvoir bouger le petit doigt. Ils ont alors demandé à Daniel Auteuil, qui a décliné pour des raisons d'emploi du temps. (C'est un peu un chat noir du cinéma Daniel Auteuil : avant de décliner *Intouchables*, il avait déjà refusé *Bienvenue chez les Ch'tis*... C'est ce qu'on appelle avoir le nez creux).

Enfin, dans une des scènes mythiques du film, Omar Sy danse sur « Boogie Wonderland » de Earth, Wind and Fire, groupe dont Omar est fan depuis tout petit. Eh bien, le succès mondial d'*Intouchables* lui a permis de réaliser son rêve : monter sur scène avec Earth, Wind and Fire lors d'un concert à Paris ! Il a refait la danse d'*Intouchables* sur « Boogie Wonderland », et ce n'est pas tout : dans la foulée, le groupe a proposé à Omar de chanter sur une chanson inédite « My Promise ». Et il s'en est plutôt bien sorti !

Les trucs insolites à connaître sur...

Le Coca-Cola

À l'origine, le Coca-Cola est français. Je m'explique. Il a été inventé en 1886 par un pharmacien d'Atlanta, John Stitch Pemberton. C'est alors une boisson vendue comme remède contre les maux de tête, d'estomac et l'impuissance, sous le nom de « French Wine Cola », le vin français au cola. Tout simplement parce que Pemberton s'est inspiré du vin Mariani, un mélange de vin rouge, du bordeaux en l'occurrence, et de feuilles de cola, créé à la fin du XIXe siècle par un chimiste français né en Corse, Angelo Mariani. Boisson dont, pour l'anecdote, raffolait Émile Zola !

Le Coca est aujourd'hui la boisson la plus bue au monde, derrière le thé et le café. Là où on en boit le plus, contrairement à ce qu'on pourrait croire, c'est au Mexique, pas aux États-Unis ! Les Mexicains boivent en moyenne 167 litres par an, contre 99 pour les Américains. Nous Français, c'est 23 litres annuels. Au total, 11 000 litres de Coca sont avalés chaque seconde sur notre planète. Pas étonnant qu'une étude ait montré qu'aujourd'hui, le premier mot le plus compris dans le monde c'est « OK », et le deuxième, « Coca » !

Le président américain Donald Trump est un gros buveur de Coca. Une enquête du *New York Times* a d'ailleurs dévoilé qu'il en consommait en moyenne 12 cannettes par jour, en version sans sucre, je précise ! Ce goût pour le soda est tellement fort chez lui qu'en arrivant à la Maison Blanche, il a fait faire un aménagement : sur le bureau présidentiel, vieux de 130 ans, se trouve un bouton rouge qui servait, jusqu'ici, à signaler que le chef d'État avait besoin en urgence de quelque chose. Eh bien, Trump l'a fait modifier pour qu'il soit exclusivement dédié à ses besoins en Coca Cola ! Quand il appuie dessus, hop, il ne déclenche pas la bombe nucléaire mais une commande de soda !

Les trucs insolites à connaître sur…

Astérix

La première chose amusante sur Astérix, c'est l'origine de son nom et de celui d'Obélix, par Toutatis ! C'est un hommage au grand-père de René Goscinny, qui était imprimeur. Astérix vient d'astérisque, le symbole typographique qu'on connaît tous : la petite étoile… Et Obélix ne vient pas d'obélisque comme on le croit ! Obélix vient d'obèle, et l'obèle, c'est aussi le nom d'un symbole typographique, symbole qu'on connaît tous sans savoir son nom : ce sont les deux points avec un petit trait au milieu, le signe qu'on utilise à l'école ou sur une calculatrice pour une division !

Ensuite, aussi étonnant que ça puisse paraître, Obélix est en fait Astérix ! Ça paraît bizarre, dit comme ça, mais vous allez comprendre. En 1959, quand Goscinny et Uderzo ont eu l'idée de créer Astérix, ils n'étaient absolument pas d'accord sur son apparence ! D'un côté, Uderzo voulait en faire un grand moustachu baraqué, toujours torse nu. De l'autre, Goscinny voyait l'anti-héros absolu, chétif et tout petit ! Ce qu'Uderzo a finalement dessiné... même s'il a donné vie à son personnage de héros baraqué en la personne d'Obélix, qui sera donc le meilleur ami d'Astérix. Comme quoi, Uderzo est un peu comme le chien d'Obélix : il a des idées fixes !

Enfin, René Goscinny est mort le 5 novembre 1977 à 51 ans seulement, alors qu'Uderzo terminait de dessiner *Astérix chez les Belges*. Ce dernier en a donc profité pour glisser dans l'album un au revoir à son cher ami disparu... Dans la case finale lors du traditionnel banquet gaulois qui clôt les albums, Uderzo a dessiné un petit lapin triste qui tourne le dos à la fête. C'est un clin d'œil au fait que René Goscinny appelait son épouse, Gilberte, « mon lapin »...

LES TRUCS INSOLITES À CONNAÎTRE SUR…

Le Mexique

L'hymne national mexicain, ou plutôt *el himno nacional mexicano* puisque c'est son nom, est tellement sacré là-bas qu'une dizaine de lois expliquent comment bien le chanter et l'interpréter sous peine de sanction ! Regardez les footballeurs mexicains, je peux vous dire qu'ils ne massacrent pas leur hymne comme parfois les nôtres avec la Marseillaise ! Au Mexique, les sanctions peuvent aller loin. Vous vous souvenez de Perez Prado, le roi du mambo dans les années 1950, à qui l'on doit « Mambo number 5 » ? Eh bien, ce cher Perez avait eu l'idée de faire une version mambo de l'hymne mexicain en 1953. Or, une des lois que j'évoquais interdit toute altération ou arrangement de l'hymne national. Résultat, les autorités ont renvoyé Perez Prado *manu militari* dans son pays d'origine, Cuba !

La deuxième chose concerne la gastronomie mexicaine que vous connaissez forcément. Vous la connaissez même parfois sans savoir que c'est elle... Par exemple, la salade César, ça vous dit quelque chose ? Eh bien, la salade César, elle est née au Mexique. Oui, je sais, ça paraît bizarre, mais vous allez comprendre. On est en pleine prohibition aux États-Unis. Un restaurateur italien, un certain Cardini, a l'idée maline d'ouvrir son resto à Tijuana, une ville mexicaine qui touche la Californie. Comme ça, les Américains ont juste à traverser la frontière pour venir picoler et manger chez lui. Ils viennent si nombreux le week-end du 4 juillet 1924, week-end de fête nationale aux États-Unis, que notre restaurateur se retrouve à court de nourriture. Il décide de bricoler une salade avec ce qui lui reste en cuisine... Du poulet, des œufs, de la salade romaine, des croutons, de l'ail, une sauce spéciale et c'est ainsi que monsieur Cardini crée la salade à laquelle il donne son prénom : César !

Enfin, saviez-vous, moi je l'ignorais, que la France est entrée en guerre avec le Mexique au XIXe siècle ? En 1838, des commerçants français prospèrent au Mexique, ce qui finit par déclencher une vague de jalousie et de xénophobie chez les locaux. Des pillages ont alors lieu. Comme le gouvernement mexicain refuse d'indemniser les victimes, la France envoie des navires bloquer le port de Veracruz pour faire plier le Mexique. Cet épisode déclenche une guerre au nom un peu ridicule… Car le commerçant français qui s'est plaint avec le plus de virulence s'appelait monsieur Remontel, pâtissier à Mexico. C'est pourquoi on a appelé cette guerre la guerre des Pâtisseries… Elle a duré à peine trois mois, ce qui est logique pour de la pâtisserie : c'était une guerre éclair !

Les trucs insolites à connaître sur...

Le père Noël est une ordure

« C'est ç'la, oui ! » aurait dit Thierry Lhermitte en découvrant le titre de ce chapitre. La première chose, c'est que le film ne devait pas s'appeler comme ça. Clavier, Jugnot et compagnie avaient pensé d'abord à *Le père Noël s'est tiré une balle dans le cul*. Évidemment, les producteurs ont trouvé ça trop trash. Ils se sont donc rabattus sur *Le père Noël est une ordure*, un titre qui a malgré tout posé des problèmes. Par exemple, la mairie de Paris ne voulait pas autoriser le tournage à cause de lui. Pour les ruser, le Splendid a annoncé que le film s'appellerait finalement *Les Bronzés fêtent Noël* !

Le titre final n'a pas été très bien accueilli au moment de la sortie, en 1982. La RATP a refusé de mettre les affiches du film dans les stations de métro. Certains cinémas de province, eux, ont carrément modifié le titre au marqueur sur l'affiche pour ne pas choquer leur public. Ainsi, à l'époque, certains spectateurs ont vu *Le père Noël est presque une ordure* et d'autres *Le père Noël est une ordure mais pas le vrai !*

On ne voit pas Michel Blanc dans le film, on se contente de l'entendre balancer des horreurs au téléphone. Et pourtant, il devait jouer un curé qui apparaissait à la fin du film. Finalement, cette scène a été coupée dans le scénario avant le tournage. Pareil pour Gérard Jugnot. À l'origine, il ne devait pas incarner Félix, le père Noël. Il devait jouer Katia, le travesti ! Le changement s'est opéré pour une raison toute bête : il refusait catégoriquement de se raser la moustache. C'est pour ça que Christian Clavier est devenu Katia... Lui, au moins, n'avait pas de problème de moustache ! Mais Jugnot a peut-être regretté sa décision. C'est la troisième chose amusante sur *Le père Noël*.

Vous vous rappelez qu'une scène du film se passe devant un grand magasin, où Félix fait une animation en tenue de père Noël. Lors du tournage, Gérard Jugnot a fait une petite pause cigarette et comme il faisait super chaud, il a retiré perruque blanche et fausse barbe. C'est alors qu'une vieille dame a surgi et lui a collé une grande gifle. Pas parce qu'il fumait dans un grand magasin ! Elle a dit à Jugnot, qui ne comprenait pas ce qui lui arrivait : « Monsieur, remettez immédiatement votre déguisement ! Ma petite-fille croit au père Noël ! » Ce qu'il a évidemment fait. Comme quoi, lui n'en est pas une, d'ordure !

Les trucs insolites à connaître sur…

Le père Noël

Restons dans la thématique. Contrairement à une légende urbaine, ce n'est pas Coca-Cola qui a inventé le père Noël et surtout qui lui a donné son look actuel : gros manteau rouge et blanc, comme les couleurs de la marque. Déjà, depuis le XIe siècle, saint Nicolas, l'ancêtre du père Noël, né en Turquie au passage (rien à voir avec la Laponie), était représenté avec une barbe blanche et un manteau rouge. On le fête encore le 6 décembre, notamment dans l'est de la France. Alors quid du père Noël ? Eh bien, c'est la même personne puisque saint Nicolas, baptisé Sinter Klaas aux Pays-Bas, deviendra *Santa Claus* quand les émigrants hollandais arriveront aux États-Unis. Fini l'âne de saint Nicolas, bonjour les rennes, adieu le 6 décembre, on passe au 25, où on célèbre tous les enfants et pas que Jésus. Et enfin, le 3 janvier 1863, dans le journal new-yorkais *Harper's Illustrated Weekly*, le caricaturiste Thomas Nast lui donne son apparence actuelle : un gros monsieur avec une barbe blanche, un bonnet et un manteau rouge. Pas étonnant puisque Nast est né en Allemagne où l'on célèbre saint Nicolas !

La deuxième chose à savoir sur Noël est étonnante, et surtout flippante ! Aujourd'hui, des enfants et des parents en sont terrorisés. Pas parce qu'ils ont reçu des cadeaux horribles mais parce qu'ils souffrent de santaphobie. Ça existe ! Comme les coulrophobes ont peur des clowns, les santaphobes ont peur du père Noël... Santaphobe vient de *Santa Claus*, le nom américain du vieux barbu au grand manteau. Et pour ceux qui en souffrent, ça peut aller loin : crises d'angoisse, tremblements, hurlements, rien qu'en écoutant « Petit Papa Noël ». Tenez, d'ailleurs, la troisième chose sur le père Noël concerne cette chanson de 1946...

L'éternel Tino, celui qu'on surnommait « Le Napoléon du disque », est devenu le premier chanteur français à décrocher un disque d'or en 1949 grâce à *Petit Papa Noël*, le 45 tours le plus vendu dans l'Hexagone avec 30 millions d'exemplaires. Et on peut dire qu'en chantant « Petit Papa Noël », Tino Rossi n'était pas rancunier ! Parce que deux ans plus tôt, il avait passé Noël en prison à Fresnes, arrêté pour avoir continué son métier sous l'Occupation. Finalement, après trois mois d'incarcération, il a été libéré. Et blanchi, ce qui est logique pour un Petit Papa Noël...

Les trucs insolites à connaître sur...

Jacques Dutronc

Dans « Il est cinq heures, Paris s'éveille », traversée poétique de Paris, Jacques Dutronc n'a pas pu s'empêcher, lui, l'esprit taquin, de glisser une allusion coquine. En effet, la phrase, « Et l'Obélisque est bien dressé entre la nuit et la journée » est en fait une allusion à une érection matinale... ce qui peut arriver quand on se réveille à 5 heures. Autre fait étonnant qui concerne « Les Cactus », chanson devenue un énorme tube en partie grâce à Georges Pompidou : le 22 avril 1966, lors d'un débat à l'Assemblée nationale, Pompidou, alors Premier ministre, évoque les coups bas dans sa propre majorité en déclarant

« dans la vie politique aussi, il y a des cactus ». Effet immédiat, 400 000 exemplaires des « Cactus » sont vendus dans la foulée ! Mais l'histoire ne s'arrête pas là.

Il y aura deux rencontres Dutronc-Pompidou. Pour la première, lors d'une soirée en présence de Brigitte Bardot, Dutronc, déjà provocateur, a revêtu la même tenue que ses musiciens pour chanter : ils sont entièrement nus ! Cette « tenue » choqua tous les convives, sauf Pompidou, mort de rire. L'autre rencontre eut lieu à Matignon. Dutronc avait été convié par Pompidou pour chanter quelques-uns de ses succès lors d'une réception officielle. Comme le chanteur s'ennuyait ferme, pour abréger ses souffrances, il se mit à interpréter « Les Cactus » et ses autres succès en vitesse accélérée ! Cette attitude déplut fortement à Pompidou... Au moins, sur ce coup-là et malgré sa chanson, on n'a pas pu accuser Dutronc d'être opportuniste !

Jacques Dutronc est un excessif. Il fume cigare sur cigare, héritage de son papa qui en fumait constamment, y compris quand il nageait en faisant la planche pour ne pas mouiller son Havane. Ce qui lui avait valu d'être surnommé par le petit Jacques « Le Remorqueur » ! Ce côté excessif, il l'a aussi manifesté avec les animaux. Aujourd'hui, il vit en Corse entouré de dizaines de chats. Petit, il élevait des souris, plus d'une centaine dans le petit appartement de ses parents qui, de son propre aveu, empestait ! Et il a fait encore plus fort… À la fin des années 1960, il eut l'idée saugrenue d'apprivoiser un jeune guépard qu'il avait baptisé Sumo. Il dormait avec lui, non sans lui avoir mis une couche-culotte pour éviter qu'il fasse pipi au lit. Déjà je-m'en-foutiste, Jacques Dutronc ne s'en occupait pas. C'est son père qui, tous les jours, devait aller acheter des poulets non plumés pour nourrir l'animal, dont le seul loisir consistait à déchiqueter les vêtements du chanteur.

Jacques Dutronc est aussi acteur, il a même eu un César en 1992 pour son rôle dans *Van Gogh*. C'est même le meilleur acteur au monde selon Steven Spielberg ! D'ailleurs, le papa d'E.T. voulait que le méchant des *Aventuriers de l'Arche perdue*, le Français Belloq, soit interprété par Dutronc. Le problème, c'est que Dutronc était incapable d'aligner deux mots d'anglais et n'a pas voulu faire l'effort d'apprendre la langue de Shakespeare. Spielberg dut donc renoncer, la mort dans l'âme. Il essaya ensuite d'engager Jean-Pierre Cassel, mais comme celui-ci était aussi nul en anglais, il finit par choisir le Britannique Paul Freeman... qui ressemble d'ailleurs à Jean-Pierre Cassel !

LES TRUCS INSOLITES À CONNAÎTRE SUR...

Le plastique

La première chose rigolote à savoir sur le plastique concerne les fameuses pailles jetables. En France, chaque jour, rien que dans les cafés, les fast-foods et les restaurants, on en utilise neuf millions ! Ce qui revient à plus de trois milliards de pailles en plastique par an. Ça n'a l'air de pas grand-chose une paille en plastique, mais si vous mettez bout à bout ces neuf millions qu'on utilise puis qu'on jette tous les jours, ça représente à peu près la distance entre Paris et Buenos Aires ! Quant aux cuillères à café jetables, elles ont été supprimées des McDonald's à la fin des années 1970, mais pas pour des raisons écologiques.

Ces cuillères gratuites étaient devenues populaires chez les consommateurs de cocaïne, qui s'en servaient pour la mesure ou carrément pour la sniffer. C'était une pratique si répandue qu'aux États-Unis, dans certaines villes, une dose de cocaïne était surnommée une McSpoon, une McCuillère en français !

Mais revenons à l'écologie... Vous avez sans doute entendu parler de ce qu'on appelle le septième continent ? Si vous avez l'occasion de voir des images, c'est à la fois saisissant et affligeant. C'est une zone de plus de trois millions de kilomètres carrés dans le Pacifique Nord, soit cinq fois la superficie de la France, une zone où par le jeu des courants viennent s'amonceler tous les déchets plastiques rejetés à la mer... Et qui continue à grossir à tel point que, selon une étude de la fondation Ellen MacArthur, en 2050, dans à peine plus de trente ans, il y aura plus de déchets plastiques que de poissons dans les océans. Je vous passe le million d'animaux marins qui meurent chaque année à cause du plastique, empoisonnés ou étouffés.

Pour finir sur une note plus joyeuse, vous vous souvenez de *Piège de Cristal* avec Bruce Willis ? Dans ce film, son personnage de John McClane est la plupart du temps pieds nus, coincé dans cette tour. Eh bien, pour que Bruce Willis ne se blesse pas avec les bris de verre au sol, avec toutes les explosions et les coups de feu (et il y en avait beaucoup), il portait des chaussures en plastique... en forme de pieds nus ! Autant dire que, sur ce tournage, il a dû prendre son pied... en plastique !

Les trucs insolites à connaître sur…

Le Stade de France

Le premier but marqué au Stade de France n'est pas l'œuvre de Zinedine Zidane, contrairement à ce que l'on croit souvent. Pour faire un test grandeur nature du Stade de France, de la pelouse, des vestiaires et du reste des installations, un match de foot avait été organisé deux mois avant, le 19 novembre 1997. Il opposait une sélection d'ouvriers ayant travaillé à la construction du stade au Variétés Club de France. Sur la pelouse : Alain Giresse, Jean Tigana et quelques autres grands sportifs. Michel Platini, qui a d'ailleurs conçu les vestiaires du Stade de France, était là aussi, mais il n'a pas pu jouer à cause d'une blessure au genou. Il était vert car il rêvait d'être le premier à inscrire un but dans ce stade. Le Variétés Club de France a gagné 6-1, avec le tout premier but inscrit sur la pelouse du Stade de France, marqué par un certain Serge Blanco sur un tir en pleine lucarne !

Le record d'affluence du Stade de France pour un événement sportif est de 80 056 places vendues, mais ce n'est pas forcément pour l'événement auquel on s'attend. Ce n'est pas la finale de la Coupe du Monde 1998... le fameux « et 1, et 2, et 3-0 »... C'est bien un match de foot, cependant : la finale de la Coupe de France 2009 qui opposait Rennes à Guingamp, avec la victoire surprise de Guingamp 2-1 ! Ce soir-là, ce n'était pas le Stade de France mais celui de la Bretagne ! Le record toutes manifestations confondues est aussi détenu par des Celtes : le groupe U2, qui a rassemblé 96 540 personnes pour son concert de 2010 !

À l'origine, on voulait le baptiser Stade Michel Platini, mais comme il coorganisait la Coupe du Monde 98, ça faisait un peu copinage. Un concours d'idées fut donc organisé et un jury fut choisi pour trancher. Dans ce jury de personnalités figuraient Francis Huster et Liane Foly, qui a chanté la Marseillaise le soir de France-Espagne. Tous les deux aujourd'hui revendiquent l'idée de « Stade de France », sans qu'on sache vraiment qui des deux l'a vraiment eue. On sait juste qu'il a fallu batailler pour l'imposer car il posait un gros problème à certains : ses initiales. Stade de France, ça fait SDF, on avait peur que ce soit pas très vendeur pour les produits dérivés...

Les trucs insolites à connaître sur...

Le Superbowl

Environ cent quinze millions de spectateurs américains regardent tous les ans le Superbowl, soit cinq fois plus de téléspectateurs que lors de la meilleure audience de l'histoire de la télé française : la demi-finale France-Portugal de la Coupe du Monde 2006. Mieux, le Superbowl, c'est neuf des dix meilleures audiences de toute l'histoire de la télé américaine ! Ça vous donne une idée de l'événement !

Les chiffres qui vont suivre sont tout aussi impressionnants. Le jour du Superbowl est celui où les Américains consomment le plus de nourriture derrière Thanksgiving, mais devant Noël. La longueur d'un match de foot américain, plus de trois heures, y est pour quelque chose. Attention, prévenez votre estomac et votre foie : 1,2 milliard d'ailes de poulet avalées, 98 millions de pizzas, 14 000 tonnes de chips, plus de 2 tonnes de hot-dogs ! Côté boisson, ce festin est gentiment arrosé de 1,3 milliard de litres de bière. Et le tout a une conséquence pas très écolo : rien qu'à la mi-temps du Superbowl, environ 1 milliard de litres d'eau seront consommés aux toilettes, c'est l'équivalent de la quantité d'eau qui tombe des chutes du Niagara en sept minutes !

En moyenne, 7 millions d'Américains se font porter pâle le lundi qui suit le Superbowl et ne vont pas bosser ! Ils sont prêts à tout pour le Superbowl. Il y a même eu un sondage qui a révélé que 19 % des Américains n'iraient pas à l'enterrement d'un proche pour ne pas rater le match ! Et 15 % préféraient le regarder que de fêter l'anniversaire de leur enfant !

Le célèbre show de la mi-temps a vu défiler les plus grands, Michael Jackson, U2, les Stones, Paul McCartney, Céline Dion et Justin Timberlake pour la dernière édition. Il l'avait déjà fait avec Janet Jackson en 2003, l'année où il y avait eu la fameuse affaire du téton de la chanteuse, apparu accidentellement...

Alors, pour avoir le droit de revenir chanter ce soir-là, Justin Timberlake a dû signer un contrat avec une clause de nudité, s'engageant à ce qu'il n'y ait pas un bout de chair qui dépasse lors de sa performance en direct. Enfin, presque en direct. Depuis cet incident du téton, il n'y a plus jamais de vrai direct aux États-Unis : les programmes annoncés en direct à l'écran sont en fait diffusés avec un très léger décalage pour pouvoir contrôler ce genre d'imprévus ! Un sein caché vaut mieux que deux tu l'auras !

Les trucs insolites à connaître sur...

Les Lego

Tout le monde sait c'est que le Lego, ça fait très mal quand on marche dessus pied nu. Tous les parents ont connu cette expérience douloureuse. Eh oui, quand on est papa ou maman, impossible d'échapper à ces briquettes créées en 1932 par le Danois Ole Kirk Christiansen. D'ailleurs, et c'est la première chose que je vais vous apprendre, Lego, c'est du danois ! Là, vous allez me demander si je parle danois couramment. Et je vous répondrai : *Jeg taler lidt...* Ça veut dire « je le parle un peu ». Merci, Google translate ! Lego, ça vient de « *leg godt* » qui, en danois, veut dire « joue bien ». Le nom résume le concept et ça marche puisque, d'après les statistiques, chaque année les enfants du monde entier passent cinq milliards d'heures à jouer aux Lego !

Vous savez qu'il existe des boîtes de Lego pour faire des véhicules, avec de petites roues et de petits pneus de quelques centimètres. Chaque année, Lego en produit trois cent millions par an, ce qui en fait aujourd'hui le premier fabricant mondial de pneumatiques, devant Michelin, Good Year et Bridgestone ! Par contre, j'ai vérifié la Citroen ZX n'existe pas en Lego ! Et ce n'est rien à côté des 36 milliards de briquettes fabriquées par an ! Vous savez combien de Lego dans le monde se sont vendus depuis que vous lisez cette chronique ? Des dizaines de milliers ! Il s'en écoule 1140 chaque seconde ! Autant vous dire que, chez Lego, on se fait des briques en or ! D'ailleurs, ils en ont fait ! Pour remercier les employés avec vingt-cinq ans d'ancienneté, dans les années 1980, Lego leur offrait une briquette en or 14 carats. Ça a duré deux ans seulement. Aujourd'hui, la valeur de ces briques est estimée à 14 000 euros...

James May, un animateur de télévision anglais, a réalisé en 2009 un rêve d'enfant : vivre dans une maison entièrement en Lego ! Il a fallu plus de trois millions de briques et 1 000 personnes pour la construire. Tout était en Lego, de la cuisine au lit, en passant par les W.C. (qui, je précise, fuyaient) ! C'était sans doute très douloureux aussi, puisque même le papier toilette était en Lego... Il a réussi à y demeurer quelques jours avant de quitter la maison, qui est retournée à l'état de briquettes, toutes offertes à des enfants défavorisés... Une démarche, comme les Lego, constructive !

Les trucs insolites à connaître sur...

Batman

Batman, l’homme chauve-souris, à ne pas confondre avec Alain Juppé, l’homme chauve qui ne sourit pas... La première anecdote concerne son fameux costume noir avec ce masque aux oreilles pointues de chauve-souris. À l’origine, lorsqu’il est apparu en 1939, il n’était pas du tout habillé comme ça. Il ne ressemblait à rien ! Il était moulé dans une combinaison rouge avec un slip noir par dessus, une ceinture jaune, un simple loup sur les yeux et des cheveux blonds ! Finalement, il ressemblait plus à Robin qu’à Batman... C’est seulement dans les années 1940 qu’il a adopté son look actuel, notamment cette grande cape dont la forme a été inspirée de l'ornithoptère de Léonard de Vinci, la machine à voler que le génie italien avait imaginée et dessinée.

Vous le savez, Batman est en réalité Bruce Wayne. Un nom qui n'a pas été choisi au hasard. En fait c'est une référence à deux héros historiques. Bruce est un hommage à Robert Bruce, le premier roi d'Écosse qui a libéré son pays du joug des Anglais. Et Wayne est un hommage à Anthony Wayne, général américain du XVIIIe siècle qui a remporté de nombreuses batailles contre les Indiens, un personnage qu'admirait aussi le grand réalisateur hollywoodien Raoul Walsh. C'est d'ailleurs pour cela qu'il lui a emprunté son nom, afin d'en faire le pseudonyme d'un jeune acteur qui s'appelait Marion Morrison et qui est devenu du coup... John Wayne.

Enfin, l'ennemi juré de Batman, le célèbre Joker, est inspiré de Victor Hugo et de son roman *L'Homme qui rit*... ce qui est le cas du Joker ! Il a été interprété au cinéma notamment par Jack Nicholson et le regretté Heath Ledger. Mais, dans la série télé un peu kitsch des années 1960, savez-vous qui voulait absolument avoir le rôle du Joker ? Frank Sinatra ! Pourquoi ne l'a-t-il pas obtenu, vous demandez-vous ? Je vous dirais bien « joker » mais la raison est beaucoup trop simple pour ça : la production avait déjà engagé un autre acteur beaucoup moins connu, César Romero. Donc pas de « Gotham Gotham » pour le chanteur de « New York New York »...

Les trucs insolites à connaître sur...

Les Restos du Cœur

Si c'est Coluche qui a créé les Restos du Cœur, c'est Daniel Balavoine qui en a eu l'idée. En octobre 1983, il est sur la radio locale Ici et Maintenant où il livre des billets d'humeur engagés qu'il débute en disant « Camarades ! » Dans l'un d'eux, il interpelle le gouvernement et la grande distribution en suggérant qu'ils créent une banque alimentaire. En réponse, il reçoit un « De quoi je me mêle ? » général dans les médias. Le seul qui prend sa défense, c'est Coluche, qui fera d'ailleurs de Daniel Balavoine le premier parrain des Restos...

Lorsque Coluche fait un chèque de trois millions de francs aux impôts, c'est le déclic ! Il l'a mauvaise et fait remarquer à ses potes que vu ce qu'il vient de donner au fisc, si tous les riches comme lui s'y mettaient, le problème de la faim en France serait vite réglé. C'est alors que sa cuisinière, Anita, fait la remarque qui va tout déclencher... Elle dit à Coluche qu'un repas complet revient à 15 francs. Aussitôt, il fait le calcul et s'aperçoit qu'avec l'argent de ses impôts, il pourrait offrir 200 000 repas ! Les Cantines du Cœur sont nées... Car c'est leur premier nom. C'est Paul Lederman, l'imprésario de Coluche, qui suggère Restos du Cœur. Ça fait moins misérabiliste !

La célèbre chanson des Enfoirés a été écrite par Jean-Jacques Goldman en seulement trois jours. Son enregistrement a été épique car Coluche était pressé et tous les participants n'habitaient pas Paris. Par exemple, le passage de Michel Platini a été enregistré par Eugène Saccomano sur son magnétophone dans les vestiaires de la Juventus de Turin ! Catherine Deneuve, elle, devait participer aussi mais, manque de chance, elle était alors en tournage à l'étranger. Pourtant, son nom apparaît bien sur la pochette du 45 tours, car, au moment où elle a été imprimée, on pensait encore qu'elle pourrait être présente à temps !

Vous avez tous en tête la fameuse photo noir et blanc de Coluche, qui ressort chaque année depuis trente ans, pour les Restos et les Enfoirés. Elle a une histoire très drôle. On est à Cannes en mai 1985 et le photographe Gaston Bergeret poursuit Coluche partout pour faire une photo de lui. Coluche, ça le saoule, il a 1000 trucs à faire mais il finit par céder. Il dit à Bergeret, « Vas-y, c'est maintenant ou jamais, t'as deux minutes ! » L'endroit calme le plus proche, ce sont des toilettes. Ainsi, le Coluche que vous voyez sur la photo des Restos, eh bien il est assis sur des W.C. avec la porte ouverte ! Regardez à nouveau la photo, vous verrez qu'une fois qu'on a cette info, c'est évident ! Quel enfoiré, ce Coluche !

Les trucs insolites à connaître sur...

Barack Obama

Paris est une ville particulière pour Barack Obama car, à cause d'elle, il aurait pu ne jamais devenir président des États-Unis... À l'été 1988, Obama a 27 ans. Avant d'entrer à Harvard, il décide de faire un tour d'Europe qui le conduit pour la première fois à Paris. Il tombe amoureux de la capitale et envoie une carte postale à une amie, où il écrit ceci : « Paris est à la fois la ville la plus belle, la plus séduisante et la plus ahurissante que je n'ai jamais vue ! » Et ce n'est pas tout. Il ajoute : « Je suis très tenté de laisser tomber l'engagement politique ou associatif pour devenir peintre sur les bords de la Seine ! ». Finalement, il ne le fera pas, mais imaginez un peu : Obama, peintre à Paris ! Avec ce slogan, « Yes we paint » !

La deuxième anecdote amusante sur Obama concerne toujours la France. Depuis quelque temps, Obama vit dans une superbe villa à Washington, louée 20 000 euros par mois où, dans la cuisine, trône une immense peinture d'un taureau. Eh bien, ce taureau, figurez-vous qu'il est français ! Il vient du Tarn, il s'appelle Gardon et pèse 1 600 kg ! Il avait été photographié par Yann Arthus-Bertrand en 1998 au Salon de l'Agriculture, où il avait été primé. Le fameux tableau d'Obama est en fait une reproduction peinte de cette photo ! C'est l'ancien commissaire général du Salon qui l'a reconnu par hasard, en surfant sur le Web et en regardant des photos de la nouvelle villa d'Obama. Ce dernier doit adorer le taureau Gardon, puisque son équipe fétiche de basket, ce sont les Bulls de Chicago, dont le logo représente... un taureau !

Pour beaucoup, Obama était le président cool et chic par excellence, toujours bien habillé. Pourtant, en réalité, il n'en était rien. Michelle, son épouse, a révélé que pendant les huit ans qu'il a passés à la Maison Blanche, lors desquels il a reçu une multitude de chefs d'État et assisté à une foule de réceptions, il mettait le même smoking et les mêmes chaussures à chaque fois ! C'est pas à François Hollande que ce serait arrivé... Il faut dire que lui, en 5 ans, il n'y a pas que sa ligne politique qui a changé...

Les trucs insolites à connaître sur...

Les Schtroumpfs

Comment est né le mot « Schtroumpf », qui ne veut absolument rien dire si ce n'est « chaussette » en allemand ? On est à l'été 1957, Peyo est en vacances avec son ami Franquin, le père de Gaston Lagaffe. Ils sont à table et Peyo demande à Franquin de lui passer le sel, sauf qu'il a un gros trou de vocabulaire et ne retrouve plus le mot « salière ». Au lieu de dire le truc ou le bidule, il demande alors à Franquin « Passe-moi le... Schtroumpf ! » Amusé, Franquin lui répond : « Tiens voilà le Schtroumpf et quand tu auras fini de le Schtroumpfer, tu me le reschtroumpferas ! » Tout part donc de ce délire entre amis, devenu le jeu favori de Peyo et Franquin, qui ont passé tout l'été à jouer à revisiter des tirades de Racine ou de Molière, des tubes du moment ou des fables de La Fontaine ! « Maître Schtroumpf sur un Schtroumpf perché tenait en son Schtroumpf un Schtroumpf »...

La toute première aventure des Schtroumpfs, parue en 1959, n'est sortie aux États-Unis qu'en 2011, alors que là-bas les petits personnages de Peyo sont très populaires. On les appelle les *Smurfs*, ce qui a donné le nom d'ailleurs à une danse hip-hop, le smurf. Pourquoi avoir attendu plus de 50 ans ? Parce que, dans cette histoire, *Les Schtroumpfs noirs*, les Schtroumpfs qui sont piqués par une mouche étrange changent de couleur, ils passent du bleu au noir et deviennent très agressifs et violents ! Du coup, les éditeurs américains ont eu peur que les lecteurs fassent le raccourci noir = méchant et soient accusés de racisme ! D'ailleurs, dans la version dessin animé diffusée aux États-Unis dans les années 1980, l'aventure des Schtroumpfs noirs a bien existé mais par un coup de pinceau, ils étaient devenus violets. Là, on était sûr que personne ne se plaindrait !

Enfin, savez-vous ce qu'est le Schtroumpfage ? C'est l'art de schtroumpfer ! Plus précisément, c'est une méthode de blanchiment d'argent qui consiste à déposer de l'argent sale en liquide sur différents comptes sans dépasser le seuil entraînant une déclaration ! Pourquoi ce nom ? Parce qu'il faut une multitude de dépôts donc de déposants différents, comme des Schtroumpfs, pour que cette méthode fonctionne. Bon, je sais, c'est pas très Schtroumpf de blanchir de l'argent, c'est plus Gargamel dans l'esprit !

Les trucs insolites à connaître sur...

La télévision

La première chose à savoir sur la télévision, c'est ce qu'ont pu voir, le 14 avril 1931, les 800 privilégiés venus assister à la première transmission d'une image via un émetteur, réunis à l'amphithéâtre de l'École supérieure d'électricité de Malakoff, près de Paris. À leurs côtés se tenait René Barthélemy, l'ingénieur qui a mis au point cette transmission. Là, dans l'écran de 30 cm sur 40 cm, est apparue une image basse définition noir et blanc légèrement rougeâtre...

C'était une femme qui se situait à deux kilomètres de là, à Montrouge. Son nom : Suzanne Bridoux, la collaboratrice de Barthélemy, qui est devenue par là même la première speakerine, puisqu'elle a annoncé ce qu'on allait voir : un court-métrage muet, où jouait une autre femme, puisqu'il s'intitulait *L'Espagnole à l'éventail* !

La deuxième anecdote rigolote à connaître sur la télévision est à propos du nom de certaines de nos chaînes. Par exemple, ARTE. Tout le monde pense que c'est en référence à l'art, puisque c'est une chaîne culturelle plutôt haut de gamme. C'est un peu vrai, évidemment, mais c'est surtout l'acronyme d'Association relative à la télévision européenne. En effet, cette chaîne créée en 1992 est, comme chacun sait, binationale : franco-allemande, ce qui à l'époque était une première mondiale. Dans le cas de Canal+, l'origine du nom est purement accidentelle. À sa création, le nom de code de Canal+, c'est Canal 4, choix naturel pour une chaîne qui se situe sur le canal national numéro 4. Sauf que, lors de la présentation définitive du dossier de la chaîne, il y a eu un problème d'impression sur la couverture. Il manquait un bout du 4, ce qui en faisait un +. En voyant cette erreur, André Rousselet, le patron de Canal, aurait eu un flash : l'idée du nom définitif de la chaîne cryptée !

Enfin, la télévision peut changer une vie. La preuve : en 2004, Martunis, un jeune Indonésien de 7 ans, perd toute sa famille lors du tsunami et erre seul pendant 18 jours avant d'être sauvé. Ce jeune miraculé, fan de foot, passe à la télé habillé d'un faux maillot de l'équipe de football du Portugal. Cristiano Ronaldo le voit et, touché par ce petit bonhomme, décide de s'occuper de lui. Il lui fait construire une maison, finance son éducation et le fait même venir au Portugal pour le rencontrer. La belle histoire ne s'arrête pas là car le rêve de Martunis était de devenir footballeur professionnel. Il y a 3 ans, il a donc intégré l'équipe de jeunes du Sporting Portugal, celle où Cristiano Ronaldo a débuté sa carrière professionnelle. Il n'y a pas que le ballon qui est d'or chez CR7, il y a aussi le cœur...

Les trucs insolites à connaître sur...

Lewis Carroll

Lewis Carroll s'appelait en fait Charles Lutwidge Dodgson mais il avait choisi de prendre un pseudonyme car, dans le civil, c'était un éminent et austère professeur de mathématiques et de logique à Oxford. C'est grâce d'ailleurs à cela qu'il a inventé son nom d'écrivain : en bon scientifique, il est allé aux racines latines de son prénom. Charles, c'est Carolus, et Ludwidge, Ludovicus. Puis il les a anglicisés avant de les inverser, Ludovicus donnant Lewis et Carolus Carroll ! C'est d'une logique imparable ! Mais Lewis Carroll était comme ça : extrêmement carré. Il avait totalement cloisonné ses deux mondes, celui du professeur Dodgson et celui de l'écrivain Carroll. Quand on lui envoyait des lettres au nom de Lewis Carroll à l'université d'Oxford, il les renvoyait avec la mention « inconnu ».

Autre preuve de sa rigueur mathématique, il a insisté pour publier *Alice aux pays des merveilles* le 4 juillet 1865. Ce jour-là, cela faisait trois ans jour pour jour qu'il avait fait une balade en barque sur la Tamise, durant laquelle il avait improvisé l'histoire d'*Alice au pays des merveilles* pour une petite fille de 10 ans qui s'ennuyait. cette petite fille s'appelait, logique quand tu nous tiens, Alice Liddell !

Lewis Carroll était une sorte de Michael Jackson de l'époque victorienne qui adorait passer du temps avec des petites filles. Il les photographiait aussi, ce qui fit planer sur lui des rumeurs de pédophilie jamais prouvées. S'il aimait autant cette compagnie, c'est parce que les enfants avaient un effet magique sur lui : ils lui faisaient perdre le bégaiement dont il était atteint depuis son enfance. C'était également le cas, et c'est incroyable, avec ses dix autres frères et sœurs ! Lewis Carroll a même fait un clin d'œil à son bégaiement dans son livre, car, quand il se présentait sous son vrai nom avec ce bégaiement, il disait « Je m'appelle Do... do... Dogson ». Voilà pourquoi, dans le livre, il a inventé un oiseau pataud dont l'espèce a aujourd'hui disparu et qui s'appelait le dodo. Comme Do... do... Dogson !

Enfin, Carroll a inventé autre chose, qui est aujourd'hui mondialement connu. Passionné d'échecs et de mots, il a créé en 1880 le Chess Word Game, un jeu dans lequel il fallait placer des lettres sur un échiquier, afin de former des mots qui s'entrecroisaient. En gros, on peut le dire, Lewis Carroll a tout simplement inventé l'ancêtre du Scrabble !

LES TRUCS INSOLITES À CONNAÎTRE SUR...

La reine Elizabeth II

La reine Elizabeth II règne depuis le 6 février 1952. C'est le plus long règne de l'histoire d'Angleterre, devant même la reine Victoria. Par son titre, elle dispose de nombreux privilèges étonnants. Par exemple, selon une loi de 1324, elle est propriétaire de tous les cygnes sauvages qui se baladent sur la Tamise. Tous les dauphins et toutes les baleines vivant dans les eaux britanniques lui appartiennent aussi. Elle est sans doute la seule personne au monde à avoir un distributeur automatique de billets à domicile, au sous-sol de Buckingham Palace et à avoir un poète officiel à son service, nommé pour 10 ans. Toujours dans le rayon « il n'y a qu'elle qui a ça », la reine Elizabeth II n'a ni passeport, ni carte d'électeur, ni permis de conduire, ni carte grise puisque, de toute façon, sa voiture blindée n'a pas de plaque d'immatriculation !

Elizabeth II est pourtant une grande fan de voitures, de voitures de sport particulièrement, qu'elle adorait bichonner pendant des heures jusque récemment. Mieux, jusqu'en 1980, c'est elle qui les conduisait personnellement pour leurs révisions ! Il faut dire que la reine sait de quoi elle parle : pendant la Deuxième Guerre mondiale, voulant absolument aider ses troupes, elle a intégré l'armée de terre en tant que mécanicienne. Il lui est resté quelques traces puisque, selon un témoin, sa toute première réaction en apprenant la mort de Lady Di aurait été, je cite : « Quelqu'un a dû trafiquer les freins de sa voiture ! »

L'autre passion de la reine d'Angleterre, ce sont les chiens. Enfin, pas n'importe quels chiens, les welsh corgis, de petits chiens de berger originaires du Pays de Galles. Son tout premier, Susan, elle l'a eu pour ses 18 ans. Depuis, elle a eu plus de 30 corgis. À une époque, elle en a eu treize en même temps, dont elle s'occupait personnellement. Tous les jours, le rituel est immuable : à 17 heures pétantes, elle donne à chaque chien son propre menu. Et ce n'est pas du Royal Canin. Non, c'est à base de viande et de plantes homéopathiques, le tout servi dans un plat en argent et préparé par la reine en personne ! Le protocole va même plus loin, puisqu'elle les nourrit par ordre d'ancienneté ! Il lui reste aujourd'hui trois chiens, Willow, un corgi, et Vulcan et Candy, qui sont deux dorgis, une race de chiens créée par Elizabeth II le jour où elle a croisé un de ses corgis avec un teckel qui appartenait à sa sœur, la princesse Margareth.

Elizabeth avait une habitude très amusante avec Margareth, morte en 2002 : quand elle voulait lui faire une confidence, pour que personne ne comprenne ce qu'elle lui disait, elle lui parlait en français. En effet, la reine parle parfaitement notre langue, qu'elle a apprise petite avec ses gouvernantes. Et elle adore la France, pays européen qu'elle a le plus visité durant son règne ! Mais ne le dites pas aux Anglais, ils risqueraient d'être *shocked* !

LES TRUCS INSOLITES À CONNAÎTRE SUR...

La Rome antique

Il y a 44 villes dans le monde qui s'appellent Rome, réparties sur tous les continents, mais évidemment la seule et l'unique pour nous, c'est celle dont la devise visible un peu partout dans les rues, sur les monuments et les plaques d'égout, est SPQR, pour *Senatus Populusque Romanus*, « le Sénat et le peuple romain ». Aujourd'hui, pour les Italiens, SPQR a une autre signification, *sono pazzi questi romani*, que les lecteurs d'Astérix connaissent bien car elle signifie : « Ils sont fous, ces Romains ! »

C'est d'ailleurs plutôt vrai… puisque, pour conjurer le mauvais sort, les Romains accrochaient sur les portes de leur maison un phallus en érection ! Les plus superstitieux le portaient même en pendentif autour du cou. Et encore, ça, c'est mignon, mais il y a pire. Figurez-vous que les Romains étaient persuadés que le sang des gladiateurs avait des propriétés curatives, qu'il soignait les crises d'épilepsie et réglait les problèmes d'impuissance. Ainsi, les corps des gladiateurs morts étaient sortis de l'arène et vendus aux spectateurs les plus offrants, qui buvaient leur sang en rentrant chez eux…

Les Romains étaient donc un mélange de Caligula et de Dracula… Calidracula ! Et je vous épargne une autre création des Romains, la taxe sur l'urine, qu'on utilisait à l'époque pour nettoyer les vêtements, voire se laver les dents ou se faire des bains de bouche. Un liquide précieux, donc, à tel point que l'empereur Vespasien instaura cette taxe : chaque chef de famille devait en récolter, la stocker puis la reverser. En liquide, donc. Cette taxe fut moquée par Titus, le fils de Vespasien, mais elle permit de renflouer les caisses vidées par Néron. Voilà pourquoi Vespasien, passant un jour une pièce sous le nez de Titus, eut cette phrase qu'on utilise encore : « L'argent n'a pas d'odeur ! »

Les Romains ont aussi été de grands inventeurs. Le double vitrage, c'est eux, le chauffage central, encore eux, la circulation alternée, toujours eux. Ils ont même inventé le bikini puisqu'on a retrouvé dans une villa en Sicile, construite au IIIe siècle, des fresques représentants des femmes en maillot de bain deux pièces ! Et ce n'est pas tout, les Romains ont aussi inventé les centres commerciaux. Le tout premier, le forum de Trajan, comportait une quinzaine de boutiques réparties sur deux étages. On peut encore le visiter. Tout comme le Colisée, à propos duquel j'ai une petite anecdote...

En 1944, les Alliés libèrent Rome alors aux mains de Mussolini. Lors de son entrée dans la Ville éternelle, un soldat américain passe devant le Colisée. Il voit le monument, aujourd'hui en partie en ruines, et s'exclame alors, désolé : « Je ne savais pas que nos bombardiers avaient fait autant de dégâts ! »

Les trucs insolites à connaître sur...

Le tatouage

Je ne suis pas tatoué, mais ça, ça n'intéresse personne. Alors, la vraie première chose à savoir, c'est que le mot « tatouage » vient du tahitien « tatau », « ta » qui veut dire « dessin inscrit sur le corps » et « atua » qui signifie « esprit, dieu ». *Tatau* est devenu *tattoo*, puis tatouage, lorsque l'explorateur britannique James Cook a ramené en Europe le récit de ses voyages, à la fin du XVIIe siècle. À cette époque, les marins anglais ont très vite adopté le tatouage, notamment celui d'une croix chrétienne, pour plusieurs raisons assez étonnantes. La première, c'est qu'une superstition assez répandue voulait que les marins tatoués d'une croix ne pouvaient pas être dévorés par les requins. La deuxième est plus pratique : des marins se faisaient tatouer dans le dos Jésus sur sa croix afin d'éviter de se faire fouetter par leur capitaine. En effet, selon la Bible, c'est un crime de défigurer une image pieuse. Il y avait le gilet pare-balles, là c'était le tatouage pare-fouet !

Même si le tatouage était jusque récemment associé aux marginaux et aux mauvais garçons, beaucoup d'éminentes personnalités politiques étaient tatouées. Par exemple, Staline avait une tête de mort sur la poitrine, Franklin Roosevelt un écusson familial et Winston Churchill une ancre de marine sur le bras gauche. Il se murmure même que Nicolas Sarkozy serait tatoué. Cela remonterait à un voyage à Los Angeles, quand son ami d'alors, Johnny Hallyday, l'avait emmené chez son tatoueur fétiche, Mark Mahoney, sur Sunset Boulevard. C'est lui qui a raconté l'histoire, d'ailleurs. Ça faisait rire Johnny que Sarko soit tatoué. Ce dernier aurait fini par accepter à condition que ce soit quelque chose de discret. Il aurait donc un tatouage sur son poignet, pile au niveau de sa montre, afin qu'il puisse le dissimuler sous sa fameuse Rolex. Car, oui, si à 50 ans, t'as pas de tatouage, c'est aussi que tu as raté ta vie !

Johnny Depp, avant d'être avec Vanessa Paradis, a eu une vie amoureuse tumultueuse. À une époque, il était sorti avec la comédienne Winona Ryder. Il y croyait tant qu'il s'était fait tatouer « *Winona for ever* ». Sauf que le *for ever* n'a pas duré et ils ont fini par se quitter. Du coup, Johnny Depp a eu une idée maline : il a fait effacer le « na » de Winona. Il affiche depuis un tatouage « *Wino for ever* », qui peut se traduire par « Ivrogne pour la vie ». Et ça, ça reste valable, parce que la bouteille, elle, il ne l'a toujours pas quittée !

Les trucs insolites à connaître sur…

Mardi Gras

Si Mardi Gras porte ce nom, c'est parce que ce jour tombe la veille du mercredi des Cendres, qui marque le début du carême, la période de quarante jours durant lesquelles les chrétiens devaient jeûner ! Le mot Carême vient du latin *quadragesima* qui veut dire 40e jour. Parmi les restrictions, il y avait celle de ne pas manger d'aliments d'origine animale comme des œufs ou du beurre et de se priver de viande. On enlevait la viande… en latin *carnelevare*, qui a donné le mot carnaval !

Bien sûr, avant de jeûner, on faisait des réserves ! On mangeait des œufs, du beurre et c'est comme ça qu'on en est arrivé aux crêpes… Tout ce qui tient au corps ! Surtout, on mangeait ça pour, comme dirait Guy Roux, ne pas gâcher ! Parce qu'autant les céréales et les graines se conservaient, autant beurre, œufs et viande ne pouvaient pas attendre quarante jours pour être consommés… On les mangeait donc au lieu de les jeter ! Je rappelle qu'au IVe siècle, date d'instauration du carême, c'était assez calme, côté frigo et congélateur…

L'endroit où l'on fête sans doute le plus Mardi Gras au monde, c'est à La Nouvelle-Orléans, où chaque année a lieu un gigantesque carnaval qui s'appelle aussi « Mardi Gras ». En revanche, pas de crêpes ni de pancakes là-bas. Ils ne font jamais rien comme les autres les Américains ! Non, on mange l'équivalent de la galette des Rois, baptisé d'ailleurs le King Cake. C'est un gâteau brioché et glacé aux couleurs du carnaval, vert pour la foi, violet pour la justice et or pour le pouvoir. À l'intérieur, pas de fève mais une figurine d'enfant qui représente le petit Jésus. Celui qui tombe dessus est le roi ou la reine ! Mais il est aussi un peu le couillon de l'histoire car, à La Nouvelle-Orléans, la tradition veut que celui qui tombe sur la fève gagne le droit d'acheter le gâteau l'année suivante !

Autre grand Carnaval, celui de Rio qui se termine le jour de Mardi Gras mais qui a été tout chamboulé en 2018 à cause du PSG ! Le lendemain de la fin du Carnaval de Rio a lieu un événement important pour les Brésiliens, diffusé à la télé : l'annonce du vainqueur du défilé des différentes écoles de samba, une compétition effrénée. Mais, cette année, l'annonce est tombée pile au moment du coup d'envoi du match Real Madrid-PSG, autre événement capital pour les Brésiliens, fans de foot et surtout de Neymar, l'idole nationale ! Les résultats du carnaval ont donc été avancés de deux heures, pour que personne ne manque une miette du 1/8e de finale de Ligue des Champions ! Carnaval et Neymar, ils n'ont pas dû beaucoup travailler ce jour-là, au Brésil !

LES TRUCS INSOLITES À CONNAÎTRE SUR…

Wikipédia

L'encyclopédie en ligne Wikipédia a été créée en 2001. C'est le 5e site le plus visité au monde, avec 25 millions de visiteurs quotidiens, dont moi pour cette chronique. Il faut dire qu'il y a de quoi faire puisqu'il y a aujourd'hui 45 millions d'articles, dont 2 millions en français. Mais d'où vient ce nom, « Wikipédia » ? Bon « pédia », ça vient d'encyclopédie, évidemment. Mais « wiki » ? Ça vient de whisky ? Le créateur est alcoolique ?

Non. Un wiki, c'est une application Web qui permet de manière collaborative de créer et de modifier des pages : exactement le principe de Wikipédia. L'inventeur du wiki, Ward Cunningham, a eu l'idée de ce mot lors d'un voyage à Hawaï. Il sortait de l'aéroport, il était pressé, il est monté dans un bus et a demandé comment on disait « vite vite » en hawaïen. Le chauffeur, bilingue, lui répondit « wiki wiki » ! Et c'est vrai que quand on veut vite savoir quelque chose, on va sur Wikipédia !

Wikipédia est une encyclopédie en ligne participative à laquelle vous et moi pouvons contribuer, parfois de façon étonnante. Par exemple, depuis 2006, un certain Bryan Henderson, connu sous le nom de Giraffedata, a modifié plus de 50 000 pages de Wikipédia ! Mais d'une façon très étonnante...

Il ne corrige qu'une seule et même erreur de grammaire, très répandue aux États-Unis, un peu comme le « malgré que » en français. Il traque l'utilisation de l'expression « *comprised of* », au lieu de « *composed of* », pour dire « qui se compose de ceci ou de cela ». Ce Maître Capello de Wikipédia, qui ne s'attaque qu'à cette faute, a passé 3 ans à la chercher sur toutes les pages Wikipédia. Il en découvre encore en moyenne 80 par semaine sur les nouveaux articles. Il devrait peut-être aller consulter l'article « monomaniaque » sur Wikipédia !

Wikipédia est devenu un cauchemar pour les profs puisque beaucoup d'élèves, pour leurs devoirs à la maison, ont tendance à copier-coller des articles de l'encyclopédie en ligne. Évidemment, quand plusieurs gamins ont la même mauvaise idée, ils se font vite gauler. Voilà pourquoi, en 2008, un élève très vicieux qui devait faire une rédaction sur *Le Meilleur des mondes* d'Aldous Huxley a eu une idée malheureusement maligne. Il a pompé intégralement la page, avant de la saboter et d'en changer le contenu, pour ne pas que sa prof de français s'en aperçoive ! Un contributeur de Wikipédia s'en est aperçu. L'élève lui a répondu, piteux, qu'il aurait remis le vrai contenu une semaine plus tard, le temps d'avoir sa note. Qu'on n'a d'ailleurs jamais connue !

Les trucs insolites à connaître sur...

Le panda

Si le panda passe en moyenne quatorze heures quotidiennes à manger du bambou, ce n'est pas parce qu'il est gourmand mais parce qu'il le digère très mal ! Ça prend du temps de s'enfiler les 15 à 35 kg dont il a besoin chaque jour ! Pourquoi en mange-t-il, me direz-vous ? Eh bien, c'est un grand mystère car, à l'origine, le panda est carnivore, il a le même système digestif qu'un ours. Mais les chercheurs ont découvert qu'il y a quatre millions d'années, son ADN s'est modifié et le gène lui permettant d'apprécier la viande s'est désactivé. Résultat : il a perdu le goût de la viande. Pourquoi est-ce arrivé ? Une des explications est que le panda, qui est lent, balourd et un peu feignasse, se serait rabattu sur le bambou parce que c'était plus facile à chasser que les rongeurs et les poissons...

Restons dans le bambou. Comme le panda le digère très mal, il l'évacue beaucoup... environ cinquante gros popos par jour pour un total de 10 à 20 kg. Comme ces déjections sont riches en fibres, c'est en train de devenir un or noir en Chine. On en fait, par exemple, de l'engrais pour cultiver un thé au goût unique, le Panda Dung, vendu 60 000 euros le kilo. De même, si on peut rouler en Fiat Panda, eh bien, les Chinois, eux, vont bientôt rouler *au* panda, avec du biocarburant issu de ses excréments.

Vous le savez, le panda a les pires peines du monde à se reproduire. Déjà, parce que la femelle panda est féconde entre 12 et 24 h par an. Donc la fenêtre de tir, si je puis dire, est limitée ! En plus, il a zéro libido. Voilà pourquoi, pour le motiver à honorer madame dans les zoos chinois, on a tenté de lui donner du Viagra. Sans succès. Et on a même inventé le *panda porn*, des films X avec des congénères en train de copuler qu'on montrait aux pandas sur une télé, à raison de deux films par jour, pour les exciter. Vous savez quoi ? Eh bien, apparemment, ça n'a pas trop mal fonctionné ! Si ça se trouve, le bébé panda du zoo de Beauval est né grâce à ça ! Alors j'ai envie de dire « merci Jacquie et Nounours ! »

Les trucs insolites à connaître sur...

2001, l'odyssée de l'espace

La première chose à savoir, c'est que Stanley Kubrick était un perfectionniste. À tel point qu'il lui a fallu 5 ans pour faire ce film. Il faut dire qu'il allait loin dans l'obsession du détail : sur le point de tourner la première scène, au grand soulagement des producteurs qui voient le budget du film gonfler semaine après semaine, Kubrick arrête tout. Il bloque sur les chaussures des acteurs en tenue d'astronautes. Elles ne lui plaisent pas. Résultat, ce jour-là, rien ne sera tourné et pour finir, le film coûtera le double de ce qui était prévu à la base.

La deuxième chose étonnante à savoir sur *2001, l'odyssée de l'espace* concerne Alex North, le compositeur de la musique du film, qui a connu sur ce tournage un bel ascenseur émotionnel. Kubrick lui a tellement mis la pression pour qu'il boucle sa partition en deux mois qu'il a fini à l'hôpital ! Tout ça pour qu'au final, le réalisateur de génie n'utilise pas une seule seconde de cette musique dans le film ! Poubelle directe... À la place, il a préféré de la musique classique, notamment *Le Beau Danube bleu* de Johann Strauss. Une idée due au hasard ! Kubrick est en train de visionner les rushes d'une scène de vaisseaux spatiaux en orbite lorsqu'un technicien met le disque sur une platine. Kubrick l'entend et trouve que ça colle merveilleusement aux images ! Tant pis pour Alex North et tant mieux pour Johann Strauss !

Mais le plus amusant sur ce chef-d'œuvre, c'est son avant-première. Un véritable échec ! Le 2 avril 1968, les 214 spectateurs de la salle sont sortis avant la fin. Jack Nicholson, pour plaisanter disait d'ailleurs que Kubrick, perfectionniste comme il était, avait dû les compter un par un. D'autant plus qu'il y en avait un de très connu : l'acteur Rock Hudson. Celui-là même qui, en sortant de la salle, s'est écrié sans aucune gêne : « Quelqu'un sait de quoi parle ce film ? » Heureusement, oui, puisque le film a été par la suite le plus grand succès de l'année 1968 aux États-Unis, mais aussi en France où il a attiré plus de 3 millions de spectateurs.

Les trucs insolites à connaître sur...

Le Festival de Cannes

Le Festival de Cannes aurait dû s'appeler le Festival de Biarritz ! Pourquoi ? Eh bien, il faut remonter à l'origine de l'événement. En 1938, choqués que la Mostra de Venise, qui était alors le festival de cinéma de référence, ait récompensé sous la pression d'Hitler et de Mussolini, des films nazis et fascistes, nos représentants français décident de créer leur propre festival. Plusieurs villes sont sur les rangs dont Deauville, Aix-les-Bains, Vichy, Cannes mais c'est Biarritz qui est choisie, en raison de son prestige depuis l'époque de l'empereur Napoléon III, qui y passait ses vacances. Sauf que Cannes a fait une contre-proposition avec plus d'argent et la mise à disposition de tous ses prestigieux hôtels. Biarritz n'a pas pu s'aligner et l'État français a choisi Cannes pour ce festival du film, dont la première édition devait avoir lieu en 1939. Manque de chance, la guerre est passée par là et il a fallu attendre 1946 pour qu'on célèbre le cinéma sur la Croisette !

La deuxième chose insolite sur Cannes concerne les fameuses marches du Festival. Il y en a précisément 24, recouvertes sur 60 mètres de ce tapis rouge, objet de toutes les attentions et surveillé 24 heures sur 24 pendant la Quinzaine, puisque personne n'est censé marcher dessus en dehors des montées officielles. Et ce n'est pas tout ! Pour rester absolument immaculé, il est changé 3 fois par jour, ce qui a fini par énerver les organisations écologistes. Ça représente quand même sur l'intégralité du Festival 7 000 m² de moquette, soit à peu près 80 tonnes ! C'est pourquoi désormais, après la Quinzaine, le tapis rouge cannois est recyclé dans une usine en Italie. Il y est broyé et transformé en granulés, réutilisés dans l'industrie automobile. Si ça se trouve, le pare-chocs de votre voiture, son tableau de bord ou ses tapis de sol ont vu passer dans leur vie antérieure George Clooney ou Marion Cotillard !

La dernière chose à savoir est l'histoire d'une petite incompréhension qui a changé la face de la 33e édition du Festival, en 1980. Cette année-là, le grand réalisateur Douglas Sirk est choisi pour être président du jury. On demande à un assistant de le contacter pour savoir s'il est d'accord. Le problème, c'est que cet assistant n'était pas hyper calé en cinéma et, en voyant le nom Douglas Sirk, il pense qu'il y a eu une coquille et qu'il doit appeler Douglas Kirk, ou plutôt Kirk Douglas, le papa de Michael. Il contacte donc l'agent de l'acteur qui, ravi évidemment, accepte de devenir le président du Festival de Cannes !

Et ce n'est pas fini car cette année-là, Kirk Douglas s'est fait remarquer. Il voulait, en tant que président du jury, décerner la Palme d'Or au film *All that Jazz* de Bob Fosse alors que les autres membres penchaient pour *Kagemusha* de Kurosawa. Alors qu'un nouveau vote s'organise, vote qui aurait sans doute fait pencher la balance en faveur du film japonais, Kirk Douglas s'enferme dans sa chambre et fait dire qu'il est malade. Ce qui, bien entendu, n'est pas le cas ! Résultat, le vote n'a pas lieu et le jury décerne deux Palmes d'Or, une pour *Kagemusha* et une pour *All that Jazz* !

Les trucs insolites à connaître sur...

Le Grand Bleu

Le Grand Bleu est né en même temps que Luc Besson, puisque ses parents étaient instructeurs de plongée au Club Med et que, de temps et temps, sa maman nageait avec les dauphins, comme dans le film. D'ailleurs, le petit Luc ne voulait pas devenir cinéaste, mais delphinologue. Une passion contrariée par un grave accident de plongée à 17 ans, dont il a failli sortir aveugle et qui lui interdit à jamais de nager dans les fonds marins. Pas rancunier, il retourne sur le lieu de l'accident, un village-vacances au sud de l'Italie, tenu par son cousin. Et là, lors d'une projection d'images de l'apnéiste Jacques Mayol en pleine action, il se met à pleurer. Il a une révélation : il sera cinéaste et fera un jour un film sur la mer !

Dans *Le Grand Bleu*, le rôle de Jacques Mayol est tenu par Jean-Marc Barr, alors complètement inconnu. Mais ce n'est pas lui qui aurait dû jouer l'apnéiste. Luc Besson veut Christophe Lambert, avec qui il a triomphé dans *Subway*. Celui-ci fait donc son baptême de plongée mais attrape une méchante otite. Refroidi par cette expérience douloureuse, il refuse finalement le film. Luc Besson demande alors à Mel Gibson puis à Gérard Lanvin sans succès. Mickey Rourke, lui, est d'accord mais là, c'est Besson qui refuse... car il a peur que la discipline exigée par la plongée ne soit pas compatible avec l'acteur américain, réputé ingérable.

Pourquoi Jean-Marc Barr, me direz-vous ? Il a un triple avantage : il est moins cher que les autres comédiens cités, il a une petite expérience de la plongée sous-marine et surtout, il a une qualité inattendue que découvre Luc Besson...

Après avoir tourné un essai avec Jean-Marc Barr, il décide, comme ça se fait parfois, de le montrer en test à des femmes qui travaillent chez Gaumont. Et là, elles tombent toutes sans exception sous le charme du comédien. Besson est définitivement convaincu qu'il tient la perle rare pour jouer Jacques Mayol. Et la suite lui a donné raison : avec Barr, il fera un tabac, bar-tabac, à 9 millions d'entrées en France !

La troisième chose amusante sur *Le Grand Bleu* concerne encore Jean-Marc Barr. Devenu célèbre grâce à ce film, il ne l'a pourtant jamais vu en entier ! Lors de sa projection au festival de Cannes, il a avoué être complètement bourré et, la seule chose qui l'obsédait alors, c'était, je le cite, « de trouver des toilettes pour pisser ». Quand il a eu l'occasion, 7 ans plus tard, de le revoir, il n'a pas réussi à le finir tellement il s'ennuyait. Lui qui tournait alors avec Lars Von Trier, dans un tout autre genre de cinéma, le film de Besson lui a paru trop juvénile et fleur bleue, enfin fleur Grand Bleu...

Pour finir, sachez que la musique du film a valu un César à Éric Serra... mais pas d'Oscar. Et pour cause ! Lors de la sortie du *Grand Bleu* aux États-Unis, les Américains, affolés à l'idée que ce film sans star soit un bide, ont eu une idée saugrenue : afin d'avoir au moins un nom connu sur l'affiche, ils ont viré la musique d'Éric Serra et refait faire une bande originale par Bill Conti, l'homme à qui on doit la musique de *Rocky*... et donc des *Grosses Têtes* !

Les trucs insolites à connaître sur...

Le Marquis de Sade

Sur les 74 ans qu'il a vécus, Donatien Alphonse François de Sade en a quand même passé 30 en prison ! Et encore, il aurait pu y passer plus de temps si sa femme ne l'avait pas aidé par deux fois à s'évader, elle qu'il trompait pourtant à tour de bras, notamment avec sa belle-sœur ! C'est en prison qu'il a d'ailleurs écrit en cachette ses fameux *Salò ou les cent vingt journées de Sodome*, aujourd'hui officiellement trésor national, estimé à 8 millions d'euros, ce qui en fait un des trois manuscrits les plus chers de France. Et l'écrire n'a pas été une mince affaire...

Comme le Marquis de Sade avait peur que l'on saisisse ce livre-choc, il l'écrivait en tout petit sur des feuilles de 11 centimètres de large, collées au fur et à mesure, jusqu'à en faire un rouleau de 12 mètres qu'il cachait où il le pouvait. Vraisemblablement, c'est sa cachette principale qui explique cette forme de rouleau : c'était un étui pour godemiché qu'on avait laissé à disposition dans sa cellule... Pour le plaisir, comme chantait Herbert Léonard !

L'épisode le plus malchanceux de la vie de Sade se déroule aussi en prison : début juillet 1789, depuis sa cellule de la Bastille, il entend la rue qui manifeste et la révolution qui monte. Le Marquis essaye alors de tirer profit de la situation en criant mais, il est trop loin et trop haut dans la prison ; personne ne l'entend. Il a alors une idée à la MacGyver : il prend un long tuyau de fer blanc dont l'une des extrémités a une forme d'entonnoir et qui sert à vider ses eaux usées et ses déjections dans le fossé. Et il s'en sert comme porte-voix. Ça marche ! Pour chauffer la foule, Sade se met à hurler qu'on égorge les prisonniers de la Bastille, qu'il faut le sortir de là avant que le pire n'arrive... Sauf que, mécontentes de voir le Marquis haranguer la foule, les autorités décident de le transférer à Charenton, dans un asile de fous.

Pas de bol puisque 10 jours après, la Bastille est prise par les révolutionnaires qui en libèrent tous les prisonniers. Ce qui aurait donc pu et dû être le cas du sulfureux écrivain...

Dernière chose sur le Marquis de Sade : je suppose que vous connaissez le viagra (je ne vous demande pas si vous l'utilisez) ? Eh bien, Sade raffolait de son ancêtre, le bonbon à la cantharide. La cantharide, c'est une sorte de coléoptère vert brillant qui vit sur les arbres et, qu'à l'époque, on chassait pour le vendre aux pharmaciens. Pourquoi ? Car, transformé en poudre, ça stimule l'érection. Le Marquis recouvrait des bonbons à l'anis avec et les distribuait aux invités de ses parties fines. Y compris aux femmes. Ce qui lui valut sa première condamnation car quatre prostituées découvrirent à leur insu les effets secondaires de la cantharide : inflammation, vomissements, douleurs abdominales. Et là, ce n'était plus une partie de plaisir...

Les trucs insolites à connaître sur...

Le surf

Même s'il va falloir attendre Tokyo 2020 pour que le surf devienne un sport olympique, sachez que c'est un sport bien plus vieux que le football, le rugby et le tennis. Il serait né au XVe siècle en Polynésie mais, à l'époque, c'était un rituel de bravoure pour déterminer si un postulant au trône était digne de la fonction. Il devait chevaucher les vagues sur une longue planche en bois taillée dans un tronc d'arbre. C'est le capitaine Cook qui a découvert cette pratique en 1778, pratique d'ailleurs interdite une fois les îles hawaïennes colonisées. Ben oui, on est au XIXe siècle, et les missionnaires américains, choqués de voir les

Hawaïens quasi-nus sur leurs planches décident de rendre le surf illégal. Couvrez ce surfeur que je ne saurais voir...

Si surfer habillé, ce n'est pas très pratique, ce n'est pourtant pas impossible. En effet, au Japon, où l'on surfe aussi mais où, surtout, l'on travaille beaucoup, la marque Quicksilver a trouvé une idée maligne pour que les deux soient compatibles : un costume-combinaison de surf. En gros, c'est un costume classique, veste-pantalon-chemise, cravate même, qui permet de se jeter à l'eau sans avoir à se changer, puisqu'il est en néoprène, la matière par excellence des combinaisons ! Son deuxième avantage ? Sécher assez vite pour retourner bosser après avoir pris quelques vagues. Bon, ça coûte plus de 2 000 euros car c'est évidemment du sur-mesure ! Mais, quand on aime (le surf), on ne compte pas !

En ce qui concerne la France, tout le monde croit que le surf est apparu chez nous pour la première fois dans les années 1950, sur la côte basque. Mais en fait, pas du tout. Le tout premier surfeur français s'appelait Adrien Durupt, c'était un architecte-ingénieur qui travaillait avec Gustave Eiffel et qui a ramené une planche de surf d'un voyage en Californie. En 1907, il décide de l'essayer, non pas du côté de Biarritz mais à Baguenaud, près de la Baule ! Le surf français est donc né en Loire-Atlantique, même si c'est au Pays Basque qu'il s'est vraiment développé ! Et, puisqu'on parle de pionnier, savez-vous qui a été la première femme à surfer en Afrique du Sud ?

Elle est mondialement connue, mais pas pour le surf. On est en 1922, une jeune femme tout juste mariée à un sous-officier anglais accompagne ledit époux en Afrique du Sud et s'essaye au surf fraîchement importé dans le pays. Elle en devient accro, à tel point qu'elle ira surfer à Hawaï, en Australie et en Nouvelle-Zélande. Tout ça entre deux romans policiers car, le nom de cette jeune femme... est Agatha Christie !

Les trucs insolites à connaître sur...

Meghan Markle

L'événement heureux de 2018 a été le fameux mariage princier de Meghan et de Harry. Mais il y a des choses surprenantes à découvrir sur la nouvelle venue dans la famille royale britannique. Rachel Markle, puisque Meghan est en fait son deuxième prénom, a quelque chose avec les rouquins, ce qui rendait ce mariage presque inéluctable : son papa d'origine irlandaise est roux, son frère est roux, et son ex-mari, Trevor Engelson, était aussi roux. Là en l'occurrence, avec Harry, ça va être le roux de la fortune ! Et pourtant à la base, elle ne le connaissait pas trop... Voire pas du tout.

En 2016, quelques mois avant sa rencontre avec le prince, elle participe à un quiz télé où elle tombe sur un questionnaire spécial Grande-Bretagne. Et là, c'est la cata : aucune bonne réponse ! Les drapeaux, les symboles anglais... Elle se plante royalement, si je puis dire. Mais, à la fin, le présentateur lui demande qui elle aurait choisi entre le Prince William et le Prince Harry. Et Meghan répond, sans complexe : « Euh, William, Harry, je ne vois pas trop, je ne peux pas choisir plutôt Tom Hanks ? ». Le plus drôle, c'est que l'animateur lui dit alors : « Prenez Harry, c'est le seul qui soit célibataire » ! S'il avait su...

Autre anecdote insolite sur Meghan Markle : elle a refusé les avances de Donald Trump ! Vous vous rappelez du jeu de TF1 « À prendre ou à laisser », présenté par Arthur, ce jeu où il fallait choisir des boîtes à ouvrir ? Eh bien, la toute nouvelle princesse, alors simple mannequin, a débuté dans la version originale de ce jeu. Elle était chargée d'ouvrir l'une des 26 boîtes, la numéro 24 pour être précis. Ce job de potiche lui a donc permis de rencontrer Trump qui parfois, venait faire le banquier du jeu. Il en profitait pour draguer les gardiennes de boîtes et leur laisser sa carte, avec son téléphone personnel. L'honneur est sauf pour Meghan qui est l'une des rares à avoir refusé cette promotion, non pas canapé, mais boîte de jeu !

La dernière chose étonnante sur Meghan Markle, c'est que depuis sa plus tendre enfance, c'est une vraie féministe. À 11 ans, elle voit une pub pour un produit vaisselle à la télé dont elle trouve le slogan « Partout aux États Unis, les femmes combattent la graisse des casseroles et des plats » sexiste. Elle prend une feuille, un stylo et écrit à la marque du liquide vaisselle pour se plaindre, ainsi qu'à Hillary Clinton, alors Première Dame des États-Unis, mais aussi à une célèbre émission de télé pour enfants. Je rappelle qu'elle a seulement 11 ans à ce moment-là. Résultat des courses, Procter & Gamble, qui commercialise le produit vaisselle en question, finit par changer la pub dont le slogan devient : « Partout aux États-Unis, tout le monde combat la graisse des casseroles et des plats ! ». Elle avait déjà un sacré caractère la petite Meghan, et je préfère prévenir le Prince Harry, je crois qu'elle l'a gardé...

Les trucs insolites à connaître sur...

Pinocchio

En 1881, Carlo Collodi publie les premières aventures de *Pinocchio* et celui-ci n'a rien à voir avec celui qu'on connaît tous grâce au dessin animé de Disney, vous savez ce pantin de bois un peu naïf qui veut devenir un petit garçon. À l'origine, Pinocchio, qui veut dire « pignon de pin » en italien, veut aussi dire en argot « petit crevard », et c'est bien ce sens que lui donne Collodi. Car, oui, le Pinocchio originel, comme le Père Noël du Splendid, est une ordure. Dans un des récits publiés dans le journal pour enfants *Il Giornale per i bambini*, le petit grillon, le Jiminy Cricket du Disney, se fait défoncer la tête à coups de marteau par le fameux pantin de bois ! Tant et si bien que, au quinzième épisode des aventures de Pinocchio, il finit par se suicider en se pendant ! On est loin de Walt Disney...

Mais ce n'est pas vraiment étonnant. Carlo Collodi, qui avait 55 ans quand il a écrit Pinocchio, n'avait pas d'enfants car... il les détestait ! Surtout les petits garçons qu'il comparait à de minables petits rongeurs. S'il a commencé à écrire dans la presse enfantine, c'est uniquement parce qu'il avait besoin d'argent pour rembourser ses dettes de jeu !

La deuxième chose surprenante sur Pinocchio concerne sa célébrité. Si on met la Bible de côté, c'est le deuxième livre le plus traduit au monde puisque les aventures du « petit crevard » existent en 260 langues ! Il passe donc devant *Alice au pays des merveilles* de Lewis Carroll ainsi que devant *Vingt mille lieues sous les mers* de Jules Verne. Le seul livre de fiction qui dépasse *Pinocchio* avec ses 300 traductions différentes est *Le Petit Prince* de Saint-Exupéry ! Mais ce n'est pas le plus impressionnant...

Figurez-vous que Carlo Collodi a eu une intuition incroyable en faisant de Pinocchio ce personnage dont le nez s'allonge quand il ment ! Alors, non, on sait bien que notre nez ne devient pas aussi long que celui du plus célèbre des pantins de bois. Mais une étude de l'université de Grenade en Espagne a prouvé qu'il réagit quand on balance un gros bobard ! Comment ? Eh bien, il se réchauffe à la pointe et gonfle légèrement. Bon, le seul souci, c'est que pour s'en apercevoir, il faut une caméra thermique et tout le monde n'a pas forcément ça sous la main !

Les trucs insolites à connaître sur...

Pixar

Pixar a une histoire aussi folle que celle de ses films. À l'origine, c'est une simple division informatique de Lucasfilm, la société de George Lucas, le papa de *Star Wars*. En 1983, les revenus de *Star Wars* commencent à diminuer après la sortie du *Retour du Jedi*, qu'on croyait alors être le dernier volet de la trilogie. Et surtout, Lucas divorce de sa femme Marcia... et vous connaissez les divorces à l'américaine... Il décide donc de vendre Pixar, mais pas à n'importe qui. Encore qu'à l'époque, l'heureux acquéreur n'était pas aussi connu qu'aujourd'hui et venait de se faire virer de sa propre boîte. Je vous parle là de Steve Jobs, le créateur d'Apple : il injecte de l'argent dans Pixar et l'oriente vers la fabrication d'ordinateurs surpuissants utilisés, entre autres, dans l'imagerie médicale. Sauf que c'est un gouffre et un échec. Heureusement, un des employés de Pixar, un certain John Lasseter, se fait remarquer par les petites animations (notamment une qui met en scène une lampe de bureau, si vous voyez ce que je veux dire !) qu'il fabrique pour vanter les mérites des ordinateurs créés par Pixar. Cela permet de décrocher des contrats publicitaires puis, jackpot, un contrat avec Disney pour réaliser *Toy Story*. C'est le début de la *success story* qui, en 2006, conduit Steve Jobs à revendre Pixar 7 milliards et demi de dollars à Disney. Lui qui l'avait acheté 5 petits millions, vingt ans plus tôt !

Tout comme on voit Alfred Hitchcock apparaître dans chacun de ses films, il y a un élément qui revient dans tous les Pixar, quel que soit le sujet, l'époque ou l'univers du projet. Il s'agit d'un camion de livraison siglé « Pizza Planet ». Vous pourrez vous amuser à revoir *Toy Story*, *Le Monde de Nemo* ou *Coco* : tôt ou tard, le camion pizza apparaîtra ! Dans *Ratatouille*, par exemple, c'est pendant une course-poursuite, sur un pont au-dessus de la Seine. Mais ce n'est pas tout : dans tous les films Pixar, il y a aussi l'inscription « A113 »… C'est le numéro de salle de classe de l'école California Institute of the Arts où ont étudié John Lasseter, le big boss de Pixar, et Brad Bird, le réalisateur de *Ratatouille.* Là où ça devient amusant, c'est que ce « A113 » est un clin d'œil tellement connu à Hollywood que d'autres metteurs en scène l'ont glissé dans des films qui n'ont rien à voir avec Pixar, par exemple dans *Hunger Games* ou dans le premier *Avengers* ! Je vous laisse partir à la chasse...

La dernière chose à savoir concerne le Pixar qui nous tient le plus à cœur, à nous, Français. Je veux parler de *Ratatouille*, bien sûr, et surtout du souci du détail du studio américain. Avant le film, 43 membres de l'équipe technique (dont les décorateurs et les animateurs-dessinateurs) ont suivi des cours de cuisine ! Mieux encore : afin de rendre les plats aussi alléchants et ressemblants que possible, l'équipe de Pixar a préparé près de 270 plats dans une vraie cuisine, qu'ils ont ensuite pris en photo avant de les recréer sur ordinateur. Et ce n'est pas tout : vu que dans la V.O., les personnages ont l'accent français, Pixar a voulu que leurs mouvements de lèvres soient crédibles. Pour cela, les animateurs se sont inspirés de la façon de parler du Général de Gaulle, de Brigitte Bardot et de Serge Gainsbourg. Quand il s'agit de préparer un film, c'est pas des rats chez Pixar !

Les trucs insolites à connaître sur...

Le Canada

C'est précisément le 24 juin 1497 que le navigateur Jean Cabot découvre le Canada, plus exactement Terre-Neuve-et-Labrador. Mais le pays doit son nom actuel à un autre évènement, bien plus tardif ! En 1534, lorsque l'explorateur Jacques Cartier descend le fleuve Saint-Laurent, il demande où il se trouve aux premiers Indiens hurons qu'il croise, qui lui répondent « kanata ». Cartier croit alors qu'ils lui donnent le nom du pays qu'il est en train de découvrir. Sauf que... pas du tout ! Ils lui indiquent juste la direction de leur village puisque dans leur langue, village se dit « kanata ». Là, en l'occurrence, leur

« kanata », c'est Stadacona, aujourd'hui devenue la ville de Québec. C'est donc un quiproquo linguistique qui a donné son nom au Canada !

La deuxième chose surprenante sur le Canada concerne ses lacs. Vous le savez peut-être, il possède à lui seul plus de lacs que tous les autres pays du monde réunis. Il y en a plus de 3 millions et demi, ce qui fait que 20 % de l'eau douce mondiale est canadienne. La multiplication de ces lacs a eu une conséquence assez logique : il a fallu les nommer. Tous ? Impossible ! D'ailleurs, seuls 60 000 d'entre eux ont un nom officiel ! Et vu le nombre, vous pensez bien qu'on trouve quelques perles : le lac Saxophone car sa forme rappelle celle de l'instrument, le lac Zut, le lac J'en peux plus, le lac Pas d'eau... Plus coquin, on a aussi le lac de la Croupe. Et enfin, celui qui me va bien, le lac Crétin ! Et parce qu'on en a jamais assez, je vous laisse avec un petit dernier, sympathiquement appelé... l'Anse qui pue !

La dernière chose à savoir sur le Canada concerne la petite ville de Churchill, dans le Manitoba, surnommée la capitale des ours polaires. L'été, plus d'un millier d'ours viennent s'établir dans les parages lors de leur période de reproduction. Du coup, à Churchill, il y a une loi unique au monde qui oblige les habitants à laisser leurs portes de voiture et de maison toujours ouvertes. Alors, non, ce n'est pour que les ours puissent venir se servir à manger mais plutôt par mesure de sécurité : à tout moment, un habitant de Churchill qui tombe nez à nez (enfin nez à truffe) avec un ours peut trouver refuge quelque part ! Ouf !

Mais on n'en a pas fini avec nos amis les ours. Lorsque l'un d'eux devient trop menaçant, on le met en prison car, à Churchill, il y a une prison pour ours blancs ! Et si le prisonnier ne se calme pas, on le renvoie dans son Grand Nord, par avion ! Eh oui, au Canada, ce sont les migrants blancs qu'on met dans des avions...

Une dernière petite chose : savez-vous qu'au Canada, à cause du réchauffement climatique, il y a désormais 3 espèces d'ours ? Les ours polaires, qui descendent vers le sud à cause de la fonte des glaces, se retrouvent sur des terres où il y a déjà des grizzlys. Et ce qui devait arriver... *crac-crac*, arriva ! Il y a eu accouplement et une nouvelle espèce d'ours mi-grizzly mi-ours polaire est née. Son nom donne un joli mélange, entre le « gr » de grizzly et le « olar » de polar (qui vient de *polar bear*, « ours polaire » en anglais). Ce n'est pas une blague, le nouvel ours s'appelle donc... « grolar » !

Index